〈2015년 개역판〉

# 자 본 론

-정치경제학 비판-

별 책

카를 마르크스 지음

김수행 옮김

비봉출판사

## 〈2015년의 개역에 부쳐〉

2007년부터 터지기 시작한 미국의 금융공황이 지구 전체로 퍼지면서 경제뿐 아니라 정치와 사상과 인간성을 포함한 자본주의적 문명 전체가 치명적 타격을 입고 있다. 한편에서 1930년대의 세계대공황에 버금가는 거대한 실업자와 빈민이 날마다 격증하고 있는데, 다른 한편에서 정부와 국회와 사법부는 이번 공황의 원인이기도 한 '부자를 위한, 부자에 의한, 부자의 정치'(이른바 신자유주의)를 오히려 강화하면서 국가 재정을 모두 부자를 위해 쏟아붓고 있다. 열강들은 외국을 침략하여 부를 약탈하면서 약소국의 인민 대중을 죽이는 것을 컴퓨터게임처럼 여기고 있고, 국내에서도 무자비한 경찰력과 정보사찰 등 파시즘적 국가권력이 인민 대중의 민주주의적 권리를 말할 수 없이 유린하고 있다. 이런 막다른 골목에서 세계의 모든 인민이 자본주의체제를 타도하려고 떨쳐나서는 것은 필연적이라고 말하지 않을 수 없다. "자살하는 것만이 당신이 살 길이다."고 다그치는 지배계급에게 "너희들의 재산을 모두 빼앗아 우리 모두가 잘 살 수 있는 새로운 사회를 만들겠다."고 응수하는 것이 인간의 도리가 될 수밖에 없는 전혀 상상하지 못한 특별한 상황이 지금 세계 전체에서 벌어지고 있다.

1990년대 초에 소련과 동유럽의 이른바 '공산주의체제'가 붕괴했을 때, 자본가계급에 아첨하는 여론조작꾼들은 이제 "영구 불멸할 자본주의체제가 인류를 천년왕국으로 이끌 것이다"고 희희낙락했다. 그러나 자본가계급과 그 아첨꾼들은 자본주의체제의 핵심적 진실을 전혀 몰랐을 뿐 아니라 "새로운 사회는 일당 독재의 공산주의체제 이외에도 얼마든지 있다"는 사실을 생각하지도 못한 것이다.

자본주의체제는 재산을 가진 자본가들이 가진 것이라고는 노동력뿐인 임금노동자를 착취하는 사회이고, 부자가 빈민을 억압하는 사회이기 때문에, 자본주의체제는 모두가 자유롭고 평등하며 더불어 사는 사회가 될 수가 없다. 그렇다고 이 사회의 지도층이나 부자들이 이 사회를 위해 임금노동자보다 더 큰 일을 하지도 않는다. 재산을 가진 자본가들은 주식회사의 주식을 사서 그 회사의 주인이 된다. 주주는 아무 일도 하지 않지만 그 회사의 이윤을 배당으로 받아 잘 살 수 있다. "노동하지 않으면 먹지도 말라"는 격언을 제대로 이해한다면 주주들은 "먹지도 말아야 한다." "주식을 산 돈은 내가 옛날에 열심히 일해서 모은 돈이기 때문에" 지금은 "노동하지 않더라도 먹을 수 있다"고 주장할지도 모른다. 그러나 자본가가 된 인사들은 자기의 노동으로 새로운 부를 생산하여 자기의 재산을 증가시키기보다는, 대체로 권력에 빌붙거나 토지와 아파트에 투기하거나 고리대금업을 하거나 시장을 독과점적으로 지배하거나 상공업을 운영하여 일반 대중의 주머니를 털거나 임금노동자를 착취함으로써 자기의 재산을 증가시킨 경우가 많기 때문에 "내가 열심히 일해서 모은 돈"이라고 주장한다면 모두가 비웃을 것이다. 그리고 자본가가 근검절약하여 주식을 샀다고 하더라도, 그 돈은 몇 년 동안의 배당이나 주가 상승에 의해 이미 보상받았을 것이다.

현실적으로 거대 기업을 운영하는 사람들은 월급쟁이 사장을 비롯하여 임금노동자들이다. 생산라인뿐 아니라 기획 · 자금조달 · 판매 · 기술 개발 등 모든 부문에서 임금노동자들이 일하고 있다. 회사에 기생하는 주주들이 없더라도 회사의 운영에는 아무런 타격을 받지 않는다는 점이다. 임금노동자 또는 하급관리들이 모든 일을 도맡아 하고 있다는 사실은 기업뿐 아니라 정부기관이나 국회나 법원에서도 마찬가지다.

지금 자본가들이나 부자들이나 고급관리들은 이처럼 임금수준을 낮게 유지함으로써 노동자들을 착취하여 더 많은 돈을 벌자는 욕심뿐일 것이지만, 상대방인 임금노동자들은 생산의 3요소(자본·토지·노동)가 남아도는데도 우리가 굶어죽고 있는 것은 '자본주의체제 때문이라는 확신'을 굳히고 있다. 서로 다른 의견을 가진 집단들이 자기들의 주장을 관철하기 위해서는 '투쟁'하는 수밖에 없고, 사람 수와 투쟁 경력 및 새로운 사회의 비전에서 부자집단들을 능가하는 일반 대중과 노동자계급이 승리하는 것은 어쩔 수 없는 일이다.

위에서 말한 바와 같은 경제적·정치적·사상적·혁명적 지식을 제공하는 책이 바로 『자본론』이다. 이 책은 자본주의체제가 어떻게 탄생했는가, 다시 말해 자본가계급은 어떻게 돈을 모았으며 임금노동자들은 어떻게 모든 것을 잃고 노동력을 팔 수밖에 없는 처지가 되었는가를 알려준다. 자본가계급은 식민지 수탈, 고리대금업, 국채투기, 상공업거래, 농민 수탈 등을 통해 화폐자본을 모으게 되었다는 점과, 임금노동자계급은 주로 농촌에서 토지를 빼앗겨서 도시로 나오지 않을 수 없었다는 점을 지적하고 있다. 자본주의체제의 성립(과 유지)에 필수불가결한 조건은 노동력 이외에는 아무것도 가지지 않은 대규모 무산대중(프롤레타리아트)의 탄생(과 존재)이다.

그리고 임금노동자를 고용하여 일을 시키는 생산과정에서 자본가는 노동자가 하루의 노동시간에 창조한 새로운 가치 중에서 노동자의 임금에 해당하는 가치를 넘는 잉여가치(또는 '대가를 지불하지 않는 잉여노동')를 공짜로 가져가는데, 이것이 바로 '이윤의 원천'이라는 것이다. 이리하여 잉여가치를 증가시키기 위해, 자본가들은 하루의 노동시간을 연장하는 장시간 저임금 전략을 채택하기도 하고, 노동생산성을 향상시켜 노동자들의 생활수단들을 값싸게 생산하여 임금에 해당하는 가치를 감소시킴으로써 잉여가치를 증가시키는 전략을 채택하게 된다.

그런데 노동생산성을 향상시키는 기계화·자동화·로봇화는 노동자들을 생산과정에서 자꾸 몰아내기 때문에, 실업자가 증가하는 경향이 생긴다. 물론 생산규모를 더욱 확대하면 취업자가 증가할 수도 있지만, 어쨌든 이윤을 증가시키려는 기계화는 실업자를 증가시키는 요소들 중 가장 큰 요소이다. 방금 도입한 새로운 능률적인 기계는 오직 500명의 노동자를 필요로 하기 때문에 지금의 취업노동자 1,200명 중 700명을 해고하지 않을 수 없게 된다. 이 해고된 노동자, 또는 취직하려다가 일자리를 얻지 못하는 사람이 바로 실업자가 되는 것이다. 실업자는 자본가의 이윤추구 욕심에 비해 과잉인 노동자를 가리키므로 노동자의 스펙과는 거의 아무 관련이 없다. 이 실업자가 '산업예비군'으로 대기하기 때문에, 자본가는 임금수준이나 노동시간이나 기타 노동조건의 결정에서 취업노동자들에게 독재적 권력을 행사하게 된다. 이리하여 임금노동자는 '임금노예'에 불과할 정도로 자본가의 독재에 시달리고 있다.

이 '임금노예'는, 처음부터 작은 토지나마 소유하고 있든지 수공업 사업장을 소유하고 있었다면 지금과 같이 자본가의 노예가 될 필요가 없었다는 것을 깨닫는다. 자기 자신을 위해 일하는 것이 아니라 자본가를 위해 '강제로' 일하기 때문에, 일하기도 싫고 회사에 나가기도 싫으며, 신성한 삶의 주요한 일부인 노동이 '희생'이라는 감정을 버릴 수가 없게 된다. 이런 근본적인 문제를 해결하는 방법은, 노동자들 모두가 현재 현실적으로 공동 점유하고 있는 공장 전체나 회사 전체를 자기들 모두의 공동 소유, 즉 사회적 소유로 전환시켜, 자기들의 집단적 지성에 따라 운영하게 된다면 '임금노예'의 상태에서 벗어날 뿐 아니라 '주인의식'을 가지면서 자기들의 개성과 능력을 자발적으로 헌신적으로 기분 좋게 발휘함으로써 사회를 더욱 풍부하게 할 수 있을 것이다. 이런 사회가 바로 '자유로운 개인들의 연합'이라는 새로운 사회모형인데, 소련의 공산주의와는 전혀 다른 '민주적이고 자유롭고 평등한 사회'다.

『자본론』의 이런 내용을 지금 막다른 골목으로 떠밀리고 있는 다수의 사람들에게 알려야 할 긴박한 필요성 때문에, 나는 너무 오래된 옛날 번역을 버리고 다시 번역하게 되었다. 특히『자본론』제1권의 출판 150주년이 되는 2017년에 앞서서 나의 정력이 남아있는 지금 미리 축하하려는 의도도 가지고 있다.

둘째로 2015년 개역판을 내게 된 것은, 내가 이오덕 선생님이 쓴『우리 글 바로쓰기』(전5권, 2011, 한길사)를 읽으면서 크게 반성했기 때문이다. 한자나 영어를 쓰는 것이 독자들의 이해를 돕는 것이 아니라 대중들에게 책을 읽을 기회를 빼앗는다는 점을 절실히 느꼈기 때문에, 이전의 번역을 처음부터 끝까지 하나하나 알기 쉬운 우리말로 바꾸어 보자고 결심한 것이다. 그러나 알기 쉬운 말로 바꾸어 내용을 좀 더 알기 쉽게 하는 것조차 쉽지 않은 과제였다. 왜냐하면 마르크스는 자기의 경제학 '혁명'에 알맞는 '용어들'을 개발했는데, 이 용어들은 다른 경제학 교과서에서는 전혀 사용하지 않아서 모두에게 너무 낮이 설기 때문이었다. 그리고 현재 우리나라에는 반공 이데올로기가 여전히 강력한 영향력을 발휘하고 있어서 마르크스 경제학에 관심을 가지는 사람의 수가 적기 때문에 어느 수준까지 개념과 용어를 쉬운 말로 바꾸어야 하는가를 쉽게 결정할 수 없었기 때문이었다. 또한 마르크스이론은 자본주의체제의 문제점을 지적하고 해명하며 변혁하는 것이 주된 과제인데, 우리가 계속 듣는 것은 "자본주의체제가 좋다"는 선전뿐이므로, 독자들에게 자본주의체제의 문제점을 쉽게 설명하기가 매우 어렵기 때문이었다.

더욱이 기존의 '이른바 좌파지식인들'은 대체로 자본주의 이후의 새로운 사회가 '자유로운 개인들의 연합'이라는 것을 알지 못하고 소련·쿠바·북한의 '공산주의체제'로 이해하여, 소련이 패망한 1990년 전후로 모두 "마르크스주의는 죽었다"고 하면서 여러 갈래로 도망갔기 때문에, 나이가 좀 덜 먹은 정의감에 넘치는, 연애도 결혼도 포기할 수밖에 없는

활기찬 젊은 층에게 "자본주의체제는 바로 이런 것이다."라고 호소하는
것이 매우 중요하다는 생각에서 될수록 쉬운 우리글이 되도록 노력했다
는 점을 다시 밝힌다.

셋째로 본문과 주에는 사람과 책의 이름을 모두 우리글로 적었는데,
이것은 외국어가 주는 스트레스를 좀 줄이기 위한 것이다. 제1·2·3권
과는 달리 발간되는 '별책'이 『자본론』 전체에 나오는 〈참고문헌〉, 〈인
명해설〉, 〈도량형 환산표〉, 〈찾아보기〉를 모아놓았으므로, 쉽게 원어를
알아볼 수 있다. 마르크스는 화폐·무게·길이·넓이·부피의 단위를
그 당시 국제적으로 널리 사용되는 것을 이용했기 때문에, 특히 영국의
화폐단위— £1(파운드 스털링) = 20s.(실링) = 240d.(펜스)—는 십진법
(£1 = 100p.로 바꾼 것은 1971년 2월 15일이었다)이 아니어서 우리에게는 매
우 불편했다. 따라서 그 당시의 경제상황을 알리는 곳에서는 영국의 화
폐단위를 그대로 사용하고, 다른 곳에서는 모두 우리 돈 '원'으로 고쳤
다. 왜냐하면 5파운드 6실링 6펜스와 7파운드 3실링 6펜스를 5,325원과
7,175원으로 바꾸어 놓아야 두 금액 사이의 차이를 쉽게 알 수 있기 때문
이다. 특히 제3권 6편(초과이윤이 지대로 전환)에서는 우리 돈의 사용이 이
론을 이해하는 데 큰 도움을 줄 것이다. 그리고 〈찾아보기〉를 더욱 친절
하고 자세하게 정리하여 독자들이 이용하기 훨씬 편리하게 했다.

넷째로 이번 개역에서는 다음 두 책을 특히 많이 이용했다. 하나는
Karl Marx & Frederick Engels, *Collected Works*, Volume 35(1996),
36(1997), 37(1998)인데, 이것이 가장 최근의 영어판이다. 『자본론』에 인
용된 마르크스와 엥겔스의 저작은 모두 *Collected Works*의 쪽수[예: CW
29: 269]를 새로 적어 넣어 독자들이 더 연구하기에 편리하게 했다. 다른
하나는 新日本出版社, 『資本論』, I(2003년 인쇄), II(2003년 인쇄), III
(2002년 인쇄)이다. 영어판과 일본어판에는 독일어 각 판의 내용 수정이
나 불어판, 스페인어판 따위가 지적한 독어판의 오류·탈자·오자가 잘

지적되어 있다. 따라서 이제는 독어판이나 영어판이나 일본어판 사이의 차이는 마르크스의 이론을 어떻게 제대로 이해하여 독자들에게 알기 쉽게 전달하는가에 있다고 본다.

번역에서 ( )는 마르크스가 사용한 것이고, [ ]는 내가 독자의 이해를 돕기 위해 문장을 나눈 것이다. 〔 〕는 내가 짧은 역자 주를 넣은 것이고, 긴 역자 주는 *를 붙이고 그 아래에서 설명했다. {엥겔스: }는 엥겔스가 추가한 것을 가리킨다.

2015년 개역판이 읽고 이해하기가 훨씬 더 쉽게 된 것은 특히 몇몇 동지의 열렬한 학문적 정열과 기여 때문이었다. 첫째로 강성윤 박사의 공헌을 지적하지 않을 수 없다. 강 박사는 서울대학교에서 마르크스이론에 관한 석사·박사 논문을 썼고, 『자본론』 세미나와 학교 강의를 10여년 계속하면서 항상 젊은 층과 접촉했기 때문에, 이전의 번역을 수정하는 작업에 최대의 기여를 했다. 사실상 그가 먼저 번역하면 내가 다시 고치고 내가 먼저 번역하면 그가 다시 고치는 과정을 몇 차례 거쳤으므로 공역했다고 말할 수 있을 정도다. 그리고 강 박사가 출판과정을 도맡았다. 둘째로 오랫동안 중국과 무역거래를 하다가 늦은 나이에 성공회대학교 정치경제학 석사과정에 입학한 최영열 선생께 감사하지 않을 수 없다. 내가 "이제 『자본론』을 '마지막으로' 개역해야 하겠다"고 강의시간에 선언하니까, 그는 조금도 서슴지 않고 "제가 가장 최근의 중국어판 『자본론』과 선생님의 『자본론』을 비교하여 개선할 점을 찾아보겠다"고 제의했는데, 그는 이 제의를 너무나 충실히 완수했다. 그가 지적한 것을 검토하다가 오자와 탈자를 많이 교정하게 되었고, 마르크스가 의도하는 문장의 의미를 더욱 깊게 파악할 수 있게 되었다. 다음으로 성공회대에서 나의 '정치경제학' 강의를 수강한 학부 학생 김휘인 군에게도 고마움을 전한다. 나는 그에게 개역판의 초교를 주면서 "읽어보고 자네가 이해하기 어려운 부분과, 자네들이 흔히 사용하지 않는 단어와 문장을 지적해 달라"고 요구했는데, 그는 많은 개선점을 제시했다. 나는 모두가 이해하리라고 생각하고 그냥 넘어갔던 부분들을 다시 고칠 수 있게 되었고, 우리가 사용하는 수많은 한자·영어식 말을 어떻게 우리말로 바꿔야 할까를 더욱 고민하게 되었다.

끝으로 제1권의 불어판과 독어판·영어판을 비교하여 독어판·영어판의 애매함을 지적해준 박승호 박사에게도 감사한다.

수많은 어린 학생들을 죽이고도 1년동안 진실을 밝히는 노력을 거부하는 현 보수정권은 언제나 집권세력은 오로지 자본가계급과 이들의 정치적·사상적 대변자들의 재산 증식과 권력 확대에만 열중하고 있는 것이 '자본주의체제의 기본 특징'이다. 우리가 우리 사회의 거대한 인적·물적 자원을 이용하여 모두가 함께 사는 민주적이고 평등한 사회를 건설하는 과제에 이번에 개역하는 『자본론』이 조금이라도 도움이 되기를 한없이 빈다.

2015년 7월
천안시 입장면에서
김 수 행 씀

# 『자본론』 별책

## 차 례

2015년의 개역에 부쳐 / iii

**1. 도량형 환산표 /** 3

**2. 인명해설 /** 5

**3. 참고문헌 /** 26

   I. 논문과 저서 / 26
   II. 정부와 의회가 발행한 공식 문서 / 80
   III. 신문과 잡지 / 87

**4. 찾아보기 /** 91

# 자 본 론

## —정치경제학 비판—

별 책

# 1. 도 량 형 환 산 표

〈화폐〉

| | |
|---|---|
| 1 pound sterling (£) 파운드 | = 20 실링 |
| 1 shilling (s.) 실링 | = 12 pence (d.) 펜스 |
| 1 penny (d.) 페니 | = 4 farthing 파딩 |
| 1 guinea 기니 | = 21 실링 |
| 1 sovereign (sov.) 소브린 | = £1 금화 |

(1971년 2월 15일 영국 화폐의 십진화 이래 £1 = 100 pence로 단순화됨.)

1 franc (fr.) 프랑　　　　　　　 = 100 centime 상팀

〈무게〉

| | | |
|---|---|---|
| 1 ton 톤 | = 20 cwt. 헌드레드웨이트 | = 1,016.05 kg |
| 1 hundredweight (cwt.) | = 112 파운드 | = 50.802 kg |
| 1 quarter (qr.) 쿼터 | = 28 lb. | = 12.700 kg |
| 1 stone (st.) 스톤 | = 14 lb. | = 6.350 kg |
| 1 pound (lb.) 파운드 | = 16 oz. 온스 | = 453.592 g |
| 1 ounce (oz.) 온스 | | = 28.349 g |

〈귀금속의 무게〉

| | | |
|---|---|---|
| 1 lb. (트로이 파운드) | = 12 oz. 온스 | = 372.242 g |
| 1 oz. (트로이 온스) | | = 31.103 g |

1 grain (gr.) 그레인 　 = 0.065 g

⟨길이⟩

| | | |
|---|---|---|
| 1 mile 마일(영국) | = 5,280 피트 | = 1,609.329 m |
| 1 yard 야드 | = 3 피트 | = 91.439 cm |
| 1 ft. 피트 | = 12 인치 | = 30.480 cm |
| 1 inch 인치 | | = 2.540 cm |

(한국의 1자 또는 척 = 30.303 cm)

⟨넓이⟩

| | | |
|---|---|---|
| 1 acre 에이커 | = 4 로드 | = 4,046.7 $m^2$ |
| 1 rod 로드 | | = 1,011.7 $m^2$ |
| 1 are (a.) 아르 | | = 100.00 $m^2$ |
| 1 ha. 헥트아르 | = 100 아르 | = 10,000 $m^2$ |

1 square feet 제곱 피트 = 30.48cm × 30.48cm = 929.03 $cm^2$

(한국의 1 평 = 3.30578 $m^2$; 1,224 평 = 1 에이커; 3,025 평 = 1 ha.)

⟨부피⟩

1 quarter (qr.) 쿼터(영국 곡물량) = 8 부셸 = 약 291 리터

| | | |
|---|---|---|
| 1 bushel (bu.) 부셸 | = 8 갤런 | = 36.349 리터 |
| 1 gallon 갤런 | = 8 파인트 | = 4.544 리터 |
| 1 pint 파인트 | = 0.568 리터 | |

1 cubic feet 입방피트 = 30.48cm × 30.48cm × 30.48cm = 28,316.846 $cm^3$

# 2. 인 명 해 설

[ ㄱ ]

가르니에. 1754~1821.
프랑스 중농주의의 아류. 애덤 스미
스 저작의 불어 번역과 해설자.

가리발디. 1807~1882.
이탈리아의 혁명가 · 민주주의자. 이
탈리아 민족해방운동의 지도자.

갈리아니. 1728~1787.
이탈리아의 경제학자. 중농주의 학설
의 비판자.

게리온.
그리스 신화에 등장하는 세 개의 몸
을 가진 거인.

고두노브. 1551~1605.
러시아의 황제(1598~1605).

고든. 1814~1870.
영국군 장군으로 크리미아 전쟁 때
공병대의 지휘관.

고트세트. 1700~1766.
독일 18세기 초기 계몽주의의 대표
자.

곱세크.
발자크의 소설 『곱세크』의 주인공.
탐욕스런 고리대금업자.

구드.

영국의 농업경영자. 자유무역의 반대
자.

귈리히. 1791~1847.
독일의 소부르주아적 보호관세론자
의 우두머리.

그레이. 1798~1850.
유토피아 사회주의자 오언의 제자.
'노동화폐'이론가.

글래드스턴. 1809~1898.
19세기 후반 자유당 지도자로서 대장
성장관(1852~1855, 1859~1866)과
수상(1868~1874, 1880~1885, 1886,
1892~1894)을 지냄.

[ ㄴ ]

나폴레옹 1세. 1769~1821
프랑스의 황제(재위 1804~1815).

나폴레옹 3세 → 보나파르트

노스. 1641~1691.
영국의 상인. 경제학자.

[ ㄷ ]

다니엘손. 1844~1918.
러시아의 인민주의자. 『자본론』의 러
시아어판 번역자.

다윈. 1809~1882.

영국의 과학적인 진화론 생물학의 창시자.『종의 기원』의 저자.

다이달로스.

그리스 신화에 나오는 상상력이 뛰어난 예술가이자 건축가.

단테. 1265~1321.

이탈리아의 위대한 시인.『신곡』에서 중세의 세계상과 인간상을 묘사.

달랑베르. 1717~1783.

프랑스의 수학자. 자연과학자. 계몽주의자. 디드로와 협력해서『백과전서』를 편집.

더비. 1799~1869.

영국의 보수당 지도자로서 수상(1852, 1858~1859, 1866~1868)을 지냄.

더퍼린. 1826~1902.

아일랜드의 대토지 소유자. 캐나다 총독(1872~1878). 인도의 섭정(1884~1888).

더피. 1816~1903.

아일랜드 청년조직의 지도자. 소작인 권리옹호동맹의 창설자. 국회의원. 1855년에 오스트레일리아로 이주.

독베리.

셰익스피어의 희곡『헛소동』에 등장하는 인물. 융통성이 없고 오만하고 무지한 관리의 별명.

돈키호테.

세르반테스의 풍자소설의 제목이자 주인공.

둘카마라

도니제티의 오페라『사랑의 묘약』중의 인물. 잘난 체하는 허풍선이를 가리킴.

뒤퐁. 1821~1870.

프랑스의 시인으로 특히 노동자들의 사랑을 받았음.

드 퀸시. 1785~1859

리카도의 해설자.

드럼몬드. 1833~1907.

영국의 외교관.

디드로. 1713~1784.

프랑스 혁명적 부르주아지의 사상가.

디즈렐리(1876년 이후 비컨스필드 백작). 1804~1881

영국의 정치가 · 저작가. 토리당 지도자의 한 사람이었고 이후 보수당 지도자의 한 사람이 됨. 재무부장관(재임 1852, 1858, 1859, 1866~1868), 수상(재임 1868, 1874~1880).

디츠겐. 1828~1888.

독일의 피혁업 노동자. 사회민주당원. 독학으로 변증법적 유물론에 도달함.

디포. 1660~1731.

장편소설『로빈슨 크루소』의 저자.

[ ㄹ ]

라드너. 1793~1859.

영국의 수학자. 물리학자.

라베르뉴. 1809~1880.

프랑스의 정치가 · 농업경제학자.

라벨레. 1822~1892.

벨기에의 역사가. 경제학자.

라브와지에. 1743~1794.

프랑스의 화학자. 불타는 것의 본질을 화학원소가 산소와 결합하는 것이라고 설명하여, 연소설을 반박.

라살. 1825~1864.

독일 소부르주아 선동가. 비스마르크와 거래해 독일의 '위로부터의'통일정책을 지지함.

라샤트르. 1814~1900

프랑스의 진보적 정치평론가. 『자본론』 1권의 불어판 출판자.

라스커. 1829~1884.

비스마르크의 반동정치를 지지하고 국민자유당의 설립자이며 지도자.

라우. 1792~1870.

독일의 경제학자. '독일의 세Say'라고 마르크스는 불렀다.

레일러. 1814~1856.

영국의 정치평론가. 경제학자.

라플즈. 1781~1826.

영국의 식민지 관리. 자바총독(1811~1816).

람지. 1800~1871.

영국 고전파 부르주아 경제학 최후 대표자의 한 사람.

랑. 1810~1897.

영국의 정치가. 자유당원. 철도회사의 각종 고위직을 역임.

런던기능협회.

1754년에 설립된 박애주의적 부르주아 계몽단체. 노동자와 기업가의 중재자로 등장하려고 노력했는데, 마르크스는 '책략과 사기의 협회'라고 명명했다.

레싱. 1729~1781.

독일의 문학 · 문예비평가.

렉시스. 1837~1914

독일의 경제학자 · 통계학자. 괴팅겐 대학 교수.

로. 1671~1729.

영국의 재정학자. 프랑스의 재무장관(1719~1720).지폐발행으로 재정을 안정시키려다가 투기가 발생해 1720년에 프랑스 경제를 큰 혼란에 빠뜨림.

로리아. 1857~1943

이탈리아의 사회학자 · 경제학자. 마르크스주의를 왜곡한 사람.

로셔. 1817~1894.

독일의 구 역사학파 경제학의 창시자. 유토피아 사회주의와 고전파 부르주아 경제학에 대항.

로스차일드. 1792~1868.

파리의 로스차일드은행장.

로스코. 1833~1915.

영국의 화학자.

로아.

『자본론』 1권과 포이에르바하의 저작을 불어로 번역한 사람.

로이드 → 오브스톤

영국의 은행가이자 정치가. 1850년 오브스톤 남작의 작위를 받음.

로즈. 1853~1902.

영국의 남아프리카 식민정책가. 케이프타운 식민지의 수상(재임1890~1896). 그는 아프리카의 영국 식민지 특히 마타벨랜드와 마숀랜드를 위해 거대한 영토의 강탈을 조직적으로 수행하였음. 보아공화국에 대한 전쟁(1899~1902)의 주요 책임자.

로트베르투스. 1805~1875.

부르주아화한 융커계급의 사상가. 프로이센적, 융커적 '국가사회주의'의 이론가.

루게. 1802~1880.

독일의 급진적 정치평론가. 소부르주아적 민주주의자. 1848년 프랑크푸르트 국민의회의 의원.

루소. 1712~1778.

프랑스 혁명 이전의 가장 유명한 혁명적 소부르주아 계급의 사상가.

루이 14세. 1638~1715.

프랑스 국왕 (1643~1715)

루이 16세. 1754~1793.

프랑스 국왕(1774~1792). 자코뱅당 독재 때 처형당함.

루이 필립. 1773~1850

프랑스 국왕 (1830~1848).

루크레티우스. B.C. 99년경~55년경.

로마의 시인. 유물론 철학자.

루터. 1483~1546.

독일 프로테스탄티즘의 창시자. 성서 번역으로 독일의 언어 통일에 크게 기여. 1524~1525년의 농민전쟁에서 는 농민의 혁명적 행동에 반대하고 부르주아 귀족·제후의 편에 섬. 단순상품생산을 옹호하고, 고리대자본과 상업자본에 대항.

르 샤프리에. 1754~1794.

프랑스에서 노동자 결사를 처벌하는 최초 법률의 제안자. 이 법률은 1791년 6월 14일 국민의회에서 의결. 자코뱅당 독재 때 음모활동 혐의로 처형당함.

리스트. 1789~1846.

19세기 전반 독일 부르주아지의 가장 진보적인 경제학자. 자본주의체제의 내적 관련에 관한 이론적 파악에는 공헌하지 못했지만, '실천적 지성'을 가지고 독일 산업자본주의의 육성을 촉구. 독일의 관세동맹과 독일 전체 철도 제도의 창설을 제안. 독일 산업 부르주아지를 위한 보호무역정책을 옹호.

리카도. 1772~1823.

그의 저작은 고전파 부르주아 경제학의 정점을 이룸.

리쿠르구스.

스파르타의 현명한 입법자

리히노브스키. 1814~1848

슐레지아의 반동적 대지주로 1848년 8월 31일 프랑크푸르트 국민의회에서 폴란드 독립의 역사적 권리를 공격할 때, 이 역사적 권리에는 '날짜가 없다'고 말해야 할 것을 '어떤 날짜도 없는 것은 아니다'고 발언하여 출석자의 폭소를 자아냄.

[ ㅁ ]

마고(또는 마곤).
　카르타고의 집정관(B.C. 6세기 후
　반). 농업에 관해 28권의 책 저술.
마르크스. 1818~1883.
　『자본론』의 저자.
마르크스-애빌링. 1855~1898.
　마르크스의 막내딸(엘리너). 1880년
　대와 1890년대의 영국 노동운동과 국
　제노동운동의 대표자. 1884년에 에드
　워드 애빌링과 결혼.
마르크스, 예니. 1814~1881.
　카를 마르크스의 처. 처녀 때의 성은
　폰 베스트팔렌.
마리토르네스.
　세르반테스의 소설 『돈키호테』의 여
　자 주인공.
마블리. 1709~1785.
　프랑스의 사회철학자. 사적 소유를 공
　격하고, 유토피아적 공산주의를 주장.
마우러. 1790~1872.
　독일의 고대와 중세의 사회제도를 연
　구.
마티노. 1802~1876.
　영국의 여류작가로 맬더스주의를 보
　급.
막시밀리안. 1832~1867.
　오스트리아의 이탈리아 총독. 멕시코
　황제(1864~1867). 멕시코 애국자에

게 암살당함.
매컬록. 1789~1864.
　스코틀랜드의 경제학자. 자본주의 변
　호론자.
매콜리. 1800~1859.
　영국의 역사가. 휘그당원.
맨더빌. 1670~1733.
　영국의 풍자작가. 의사. 경제학자.
맬더스. 1766~1834.
　부르주아화한 토지귀족의 사상가. 노
　동자계급의 빈곤을 정당화할 목적에
　서 과잉인구론을 제시함.
먼. 1571~1641.
　영국의 경제학자. 중상주의자.
메두사.
　그리스 신화에 나오는 괴물. 사람들
　은 한번 쳐다보기만 해도 무서워 돌
　로 변함.
메르시에 드 라 리비에르. 1720~1793.
　프랑스의 중농주의자.
멘델스존. 1729-1786.
　독일의 소시민적 철학자.
멩거. 1840~1921
　오스트리아의 경제학자. 한계효용학
　파의 이론가.
모간. 1818~1881
　미국의 인류학자·고고학자. 원시사
　회의 역사가.
모세.
　구약성서에 나오는 유태인 예언자로
　유태인을 고대 이집트에서 홍해를 거
　쳐 가나안으로 인도.

모어. 1478~1535.
  영국의 정치가 · 대법관. 『유토피아』
  의 저자.
몰록.
  셈족(아시리아와 페니키아)의 자연과
  열의 신. 아이를 제물로 바침.
몰리나리. 1819~1912.
  벨기에의 경제학자. 자유무역론자.
몸젠. 1817~1903.
  독일의 고대사 연구가.
몽테스키외. 1689~1755.
  18세기 부르주아적 계몽주의의 대표
  자. 입헌군주제와 3권분립의 이론가.
  화폐수량설을 주장.
무어. 1830~1912.
  영국의 법률가. 마르크스와 엥겔스의
  친구로서 『공산당선언』과 『자본론』
  제1권의 영역자.
뮐러. 1779~1829.
  봉건적 귀족 계급의 이익을 옹호한
  이른바 낭만파 경제학의 대표자. 애
  덤 스미스의 학설을 반대.
H. 미라보. 1749~1791.
  프랑스 혁명의 정치가. 대부르주아지
  와 부르주아화한 귀족의 대표자.
V. 미라보. 1715~1789.
  프랑스의 중농주의자. H. 미라보의
  아버지.
J. 밀. 1773~1836.
  리카도 학설을 속류화함.
J. S. 밀. 1806~1873.
  부르주아지의 이윤과 노동자계급의

임금 사이의 조화를 역설. 자본주의
의 모순을 분배관계의 개선을 통해
극복하고자 함. J. 밀의 아들.

[ ㅂ ]

바그너, 아돌프. 1835~1917
  독일의 강단 사회주의자. 비스마르크
  의 반동 정책을 지지.
베른슈타인. 1850~1932.
  독일 사회민주당과 제2인터내셔널의
  수정주의 대표자. 당 기관지 『사회민
  주주의자』의 편집인(1881~1890). 계
  급투쟁, 프롤레타리아 혁명, 프롤레
  타리아 독재 등을 부정하고, 부르주
  아 사회 안에서 노동자계급의 상태를
  점진적으로 개량할 것을 주장.
바본. 1640~1698.
  상품의 가치는 그 효용에 의해 규정
  된다고 주장.
바세도. 1724~1790.
  독일의 교육제도를 부르주아적 계몽
  주의 방향으로 개혁하고, 청소년에게
  과학에 토대를 둔 애국정신을 교육하
  는 것을 강조함.
바스티아. 1801~1850.
  자본주의 사회의 계급 이해관계의 조
  화를 강조함. '속류경제학적 변호론
  자 중 가장 천박한, 따라서 가장 성
  공한 대표자'(마르크스).
바울.
  기독교를 로마 제국에 전도한 최고

공헌자.

바일즈. 1801~1884.

영국의 법률가. 추밀원 고문. 토리당
원.

바튼. 1789~1852.

영국 고전파 부르주아 경제학의 대표
자.

발람

구약성서 중의 인물. 믿을 수 없는
예언자.

발자크. 1799~1850.

프랑스의 사실주의 작가.

배비지. 1792~1871.

영국의 수학자. 기술자.

뱅사르. 1820~1882

프랑스의 노동자 · 정치평론가.
1848년 혁명참가자. 협동조합운동에
적극적으로 활동. 노동자계급의 상태
에 대한 저작의 저자. 국제노동자협
회 회원.

버크. 1729~1797.

영국의 정치평론가. 휘그당원이다가
뒤에는 토리당원. 처음에는 자유주의
자였으나 나중에는 반동주의자. 프랑
스혁명의 극렬한 반대자.

베드로.

예수의 12제자 중 하나.

베벨. 1840~1913.

독일 사회민주당의 가장 중요한 지도
자 중의 한 사람. 마르크스와 엥겔스
의 친구이자 제자.

베세머. 1813~1898.

영국의 기술자. 화학자. 그의 이름을
붙인 제강법을 발달시킴.

베이컨. 1561~1626.

'영국의 유물론과 모든 근대경험론의
참된 시조'(마르크스).

베이크웰. 1725~1795.

영국의 농업경영자. 가축 사육가.

베일리. 1791~1870.

속류경제학의 입장에서 리카도의 가
치론을 반대했으나, 동시에 리카도
경제학에 있는 몇 개의 모순을 정확
히 지적함.

벤담. 1748~1832.

영국의 공리주의 철학자.

벨러즈. 1654~1725.

부의 발생에서 노동이 갖는 의의를
강조, '일하지 않는 사람은 먹지도
말라.'는 원칙을 주장.

보나파르트. 1808~1873.

나폴레옹 3세. 나폴레옹 1세의 조카
로서 제2공화국 대통령(1848~ 1852).
프랑스 황제(1852~ 1870).

보캉송. 1709~1782.

프랑스의 기계직기를 제작.

J. 볼프. 1862~1937

독일의 속류경제학자. 취리히대학 교
수.

W. 볼프Wolff. 1809~1864.

독일의 프롤레타리아적 혁명가. 교
사. 저널리스트. 실레지아의 농노적
농민의 아들. 1846~1847년에 브뤼
셀 공산주의 통신위원회 위원. 1848

년 3월 이후 공산주의자동맹 중앙위
원회 위원. 1848~1849에는 『신라인
신문』 편집자. 1849년부터 스위스로,
1851년 이후는 영국으로 망명. 마르
크스는 『자본론』 1권의 제1독어판을
볼프에게 바쳤다.

부시리스.
  그리스 전설에 따르면, 이집트의 잔
  인한 왕으로 그 나라에 오는 이방인
  을 모두 죽였음.

부아기유베르. 1646~1714.
  봉건적 사상의 테두리 안에서 고전파
  적 부르주아 경제학의 요소를 발전시
  킴. 대중의 빈곤 제거를 주장.

뷔세. 1796~1865.
  가톨릭 사회주의 사상가. 상시몽의
  제자. 『프랑스 혁명 의회사』를 루—
  라베르뉴와 함께 편집함.

뷰캐넌. 1779~1848.
  애덤 스미스의 제자로 그의 해설자.

브라운. 1854~1927
  독일의 저널리스트·사회민주주의자.
  『노이에 차이트』의 공동창간자. 『사
  회입법·통계학 기록』 등 잡지의 편
  집자·국회의원.

브라이트. 1811~1889.
  영국의 공장주. '곡물법 반대동맹' 창
  립자의 한 사람. 1860년대 초부터는
  자유당 좌파의 지도자. 자유당 내각
  의 장관을 역임.

브레이. 1809~1895.
  유토피아 사회주의자. 오언의 추종

자. '노동화폐'이론을 전개.

브렌타노. 1844~1931.
  독일 신 역사학파의 경제학자. 강단
  사회주의자. 부르주아적 개량주의자.
  사회정책학회(1872) 창립자의 한사
  람.

J. 블랑키. 1805~1854.
  프랑스의 경제학자. 역사가. 혁명가
  루이 블랑키의 형.

L. 블랑키. 1805~1881.
  프랑스의 혁명가. 1830년의 혁명에
  적극적으로 가담. 1848년의 혁명에서
  는 프랑스의 혁명적 프롤레타리아트
  의 지도자가 되어, 음모 조직에 의한
  폭력적 권력 탈취와 혁명적 독재의 필
  요성을 주장. 36년간 옥중에서 생활.

비슈누.
  힌두교 최고 신의 하나.

비처-스토우. 1811~1896.
  미국의 여류작가. 『톰 아저씨의 오두
  막』의 작자. 미국의 노예해방을 위한
  적극적 투사.

비코. 1668~1744.
  이탈리아의 철학자, 사회학자. 사회발
  전의 객관적 합법칙성을 구명하려 함.

빅토리아. 1819~1901.
  영국의 여왕(재위 1837~1901).


[ ㅅ ]

사발라.
  인도 신화에서 암소의 모습으로 인간

에게 나타나는 신.

사이크스.

찰스 디킨즈의 소설『올리버 트위스트』에 등장하는 강도 살인범.

사이먼. 1816~1904.

영국의 추밀원 의무감독관.

산초 판자.

세르반테스의 소설『돈키호테』에 등장하는 인물.

상그라도.

어떤 병이건 모조리 피빼는 요법을 쓰고 뜨거운 물을 마실 것을 권고한 의사.

상시몽. 1760~1825.

프랑스의 유토피아 사회주의자.

샤일록.

『베니스의 상인』에 등장하는 냉혹한 고리대금업자.

샤프츠베리. 1801~1885.

영국의 토리당원이다가 1847년 이후는 휘그당원. 1840년대에는 10시간 노동법을 지지하는 귀족적 박애주의 운동의 지도자.

성 게오르그.

전설적인 기독교의 성자. 창으로 용을 찔러 죽임.

셰르빌리에. 1797~1869.

스위스의 경제학자. 시스몽디의 제자. 시스몽디의 이론을 리카도 학설과 결합시킴.

세. 1767~1832.

프랑스의 경제학자. 토지 · 자본 · 노동을 지대 · 이윤 · 임금의 자립적 원천이라고 말함으로써 속류경제학적 생산요소설의 기초를 제공함.

셰익스피어. 1564~1616.

영국의 세계적 극작가.

셰플레. 1831~1903.

독일의 속류경제학자.

쇼. 1856~1950

영국의 소설가 · 극작가 · 페이비언협회 회원.

숄렘머. 1834~1892.

독일 태생의 화학자. 맨체스터 대학 교수. 독일 사회민주당원.

슈미트. 1863~1932

독일의 사회민주주의자. 처음에는 마르크스의 경제학설을 지지했으나 나중에 수정주의에 가담.

슈타인. 1815~1890.

독일의 역사가. 국가학자.

슈토르히. 1766~1835.

러시아의 독일계 경제학자. 고전파 경제학을 속류화함. 상트페테르부르크 학술원 회원.

슐체 폰 델리치. 1808~1883.

독일의 정치가. 협동조합의 조직화를 통해 노동자를 혁명투쟁에서 떼어내려 함.

스가나렐.

몰리에르의 희극『돈 환』중의 인물로서, 돈 환의 하인. 자기의 분수를 모르는 사람을 가리킴.

A. 스미스. 1723~1790.

리카도 이전의 가장 중요한 영국의
경제학자. 자본주의적 매뉴팩처 시기
의 경험을 일반화해 고전파 부르주아
경제학으로 발전시킴.

G. 스미스. 1823~1910.
영국 맨체스터학파의 대표자. 자유당
원. 1871년 이후 캐나다에 이주. 미
국과 영국의 제국주의 정책을 반대.

J. 스튜어트. 1712~1780.
영국 중상주의 최후의 대표자 중의
한 사람. 화폐수량설의 반대자.

스트라한. 1715~1785.
영국의 출판업자. 흄과 애덤 스미스
의 저작을 출판함.

스티벨링.
미국의 의사 · 통계학자 · 소부르주아
적 정치평론가. 북미 사회주의노동자
당 당원. 경제 · 경제사 문제에 대해
많은 논문 집필.

스팍스. 1789~1866.
미국의 역사가. 교육자. 벤자민 프랭
클린 저작의 간행자.

스피노자. 1632~1677.
네덜란드의 유물론 철학자. 무신론
자.

슬론. 1660~1753.
영국의 의사. 자연연구자. 저서들과
원고 수집에 종사. 1753년에 그가 수
집한 것과 다른 두 명이 개별적으로
수집한 것을 합쳐 대영박물관을 설립
함.

시니어. 1790~1864.

영국의 속류경제학자. 자본주의 변호
론자. 노동일의 단축을 반대함.

시드머스. 1757~1844.
영국의 토리당원. 수상 겸 대장성장
관(1801~1804)을 지냈으며, 내무장
관(1812~1821)일 때는 노동운동을
탄압.

시스몽디. 1773~1842.
스위스의 경제학자. 소부르주아의 입
장에서 자본주의를 비판하고 단순상
품생산을 이상화함.

시시포스.
그리스 신화에 나오는 코린트의 왕.
신들을 기만한 죄로 끌어올리면 다시
굴러 떨어지는 돌을 일생동안 굴려
올려야 하는 벌을 받음.

시콜.
셰익스피어의 희곡 『헛소동』에 등장
하는 야경꾼.

[ ㅇ ]

아담.
구약성서에서 신이 만든 최초의 인
간.

아르키메데스. B.C. 287~212.
그리스의 수학자. 물리학자.

아리스토텔레스. B.C. 384~322.
"고대 그리스 철학자 중 가장 보편적
인 두뇌의 소유자며, 변증법적 사고
의 가장 본질적인 형태들까지 연구
함."(엥겔스) 그는 노예사회의 현물

경제를 옹호했고, 가치형태나 자본의
두 가지 시초형태(상업자본과 고리대
자본)를 분석함.

아리오스토. 1474~1533.
　이탈리아의 서사시인.

아벨.
　구약성서에서 아담의 차남이자 카인
　의 동생.

아브라함.
　구약성서에서 이스라엘 민족의 시조.

아크라이트. 1732~1792.
　산업혁명 때 여러 가지 방적기계의
　고안자이며 제작가. 처음은 이발사.

안타이우스.
　고대 그리스 신화의 거인. 바다의 신
　포세이돈과 땅의 여신 가이아 사이에
　태어남.

알렉산드라. 1844~1925.
　덴마크 국왕 크리스티안 9세의 딸.
　영국 국왕 에드워드 7세가 된 웨일즈
　왕자와 1863년에 결혼.

앙리 3세. 1551~1589.
　프랑스 국왕(1574~1583)

앙팡탕. 1796~1864
　프랑스의 유토피아 사회주의자. 상시
　몽의 제자. 바살과 함께 상시몽학파
　를 이끌면서 1840년대 중반 이후 많
　은 자본주의적 기업에서 관리직을 역
　임하였다.

애덤즈. 1797~1872.
　영국의 기술자.

애빌링. 1851~1898.
　영국의 사회주의자. 저술가. 의사.
　마르크스의 막내딸(엘리너)의 남편.
　『자본론』제1권을 영어로 번역한 사
　람의 하나.

애쉬리 → 샤프츠베리

애쉬워스. 1794~1880.
　영국의 면공장주. 콥덴과 함께 곡물
　법 반대동맹을 창설.

애이킨. 1747~1822
　영국의 의사. 역사가. 급진적 정치평
　론가.

애트우드. 1783~1856
　영국의 은행가 · 정치가(부르주아급
　진파) · 경제학자. 버밍엄의 '소실링
　론자'의 대표자.

앤. 1665~1714.
　영국의 여왕(재위 1702~1714).
　잉글랜드와 스코틀랜드를 그레이트
　브리튼Great Britain으로 통합(1707
　년).

J. 앤더슨. 1739~1808.
　스코틀랜드의 경제학자. 지대론에서
　리카도의 선구자.

야곱.
　구약성서에서 이삭의 아들.

어콰트. 1805~1877.
　영국의 반동적 정치평론가이며 정치
　가. 국회의원. 토리당원.

에드먼즈. 1803~ 1889.
　영국의 유토피아 사회주의자. 리카도
　이론에서 사회주의적 결론을 도출.

에드워드 3세. 1312~1377.

영국 국왕(재위 1327~1377).

에드워드 6세. 1537~1553.

영국 국왕(재위 1547~1553).

에슈베게. 1777~1855.

독일의 광산·야금 기사.

에카르트.

독일의 중세 이야기에 나오는 충직
하고 믿음직한 사람.

에카테리나 2세.

러시아 황제(재위 1762~1796).

에피쿠로스. B.C. 341~270.

그리스의 유물론 철학자.

엘리자베스 1세. 1533~1603.

영국 여왕(재위 1558~1603).

엘베시우스. 1715~1771.

프랑스 부르주아 혁명 사상가.

엥겔스. 1820~1895.

마르크스의 친구이자 공동저술가. 『자
본론』제2권과 제3권의 편집 출간자.

엥겔스. 1796~1860.

프리드리히 엥겔스(1820~95)의 아버
지. 1837년에 맨체스터에서 그리고
그 이후 엥겔스키르헨에서 에르멘과
함께 에르멘 운트 엥겔스 면방적 공
장을 설립함.

영. 1714~1820.

영국의 농학자. 경제학자. 화폐수량
설의 주창자.

오딧세우스.

호머의 서사시 『일리아드』와 『오딧
세이』의 주인공.

오르테스. 1713~1790.

베니스의 수도승. 경제학자.

오브스톤. 1796~1883.

영국의 은행가. 통화주의의 대표자.

오언. 1771~1858.

영국의 유토피아 사회주의자. 자본가
이면서도 자기 계급을 떠나 노동자
계급의 벗이 됨.

오크니부인. 1657~1733.

오렌지공 윌리엄 3세의 애인.

옴스테드. 1822~1903.

미국의 농업가. 조경가. 영국과 미국
에 관한 저서를 씀.

옵다이크. 1805~1880.

미국의 기업가. 경제학자.

와츠. 1818~1887.

처음에는 로버트 오언의 지지자, 뒤
에는 자유당원, 자본주의 변호론자.

와이어트. 1700~1766.

영국의 방적기 발명자.

와트. 1736~1819.

스코틀랜드의 발명가. 근본적으로 개
량된 증기기관의 제작자.

우드(1866년 이후 Halifax of Monk
Bretton 자작). 1800~1885

영국의 정치가·휘그당원·국회의원.
재무부장관(재임 1846~1852), 인도
장관(재임 1859~1866).

윌리스. 1697~1771.

영국의 신학자. 통계학자. 맬더스의
인구론을 지지하고 전파함.

웨스트. 1782~1828.

영국의 경제학자. 차액지대론을 발

표.

웨이드. 1800~1878.

미합중국 부통령(1867~1869). 미국 남부의 노예제도를 반대한 활동적 투사.

웨이크필드. 1796~1862.

영국의 정치가 · 식민정책가 · 경제학자.

웨일즈 공주 → 알렉산드라

웨지우드. 1730~1795.

근대적 도자기 제조법의 발명자. 영국 도자기 제조업의 창시자.

웰링턴. 1769~1852.

영국의 장군이며 토리당원. 1808~1814년과 1815년에 나폴레옹 1세와 전쟁. 육군총사령관, 수상(1828~1830), 외상(1834~1835).

윌리엄 4세. 1765~1837.

영국 국왕(재위 1830~1837).

윌리엄스. 1800~1883.

크리미아 전쟁 중 아르메니아의 카스 성을 수비한 터키 군대를 지휘한 영국 군인. 그 성이 러시아 군대에게 함락되었음에도 뒤에 장군과 준남작이 되었음.

윌슨. 1805~1860.

영국의 정치가. 경제학자. 『이코노미스트』지의 창간자, 주필. 대장성장관. 자유무역론자. 화폐수량설의 반대론자. 은행주의자.

윌크스. 1760~1831.

영국 식민지 군대의 장교. 인도에 장

기간 체류하면서 인도에 관해 많은 책을 씀.

유어. 1778~1857.

영국의 화학자. 경제학자. 자유무역론자.

이든. 1766~1809.

영국의 경제학자. 애덤 스미스의 제자.

이삭.

구약성서에서 아브라함의 아들.

이소크라테스. B.C. 436~338

그리스의 작가. 정치가. 분업론의 중요한 요소를 발전시킴.


[ ㅈ ]


장 2세. 1319~1364.

프랑스 국왕(재위 1350~1364).

쟈거노트.

힌두교 최고 신의 하나인 크리슈나의 신상. 이것을 태운 수레에 치어 죽으면 극락에 갈 수 있다고 믿음.

제본스. 1835~1882

영국의 경제학자 · 철학자. 한계효용학파의 이론가.

제임스 1세. 1566~1625.

제임스 6세로서 스코틀랜드 국왕(재위 1567~1625). 스코틀랜드와 잉글랜드의 왕위 통합에 따라, 제임스 1세로 잉글랜드와 아일랜드의 국왕(1603~1625)을 겸함.

제트베르. 1814~1892.

독일의 경제학자.

조르게. 1828~1906.

국제노동운동과 사회주의 운동의 뛰어난 활동가. 제1인터내셔널의 회원으로 미국지부를 조직. 마르크스와 엥겔스의 친구. 1852년에 미국으로 망명.

조지 2세. 1683~1760.

영국 국왕(재위 1727~1760).

조지 3세. 1738~1820.

영국 국왕(재위 1760~1820).

조프루아. 1772~1844.

프랑스의 동물학자. 진화론에서 다윈의 선구자.

존스. 1790~1855.

영국의 경제학자. 그의 저작에는 영국 고전파 부르주아 경제학의 일반적 붕괴가 반영되어 있음.

존스턴. 1796~1855.

영국의 화학자. 베르첼리우스의 제자. 주로 농업화학과 공업화학에 공헌. '영국의 리비히'(마르크스).

좀바르트. 1863~1941.

독일의 근대역사학파의 경제학자. 강단사회주의자. 나중에 독일제국주의 이론가가 됨. 생애의 말기에는 파시즘을 신봉.

주피터.

로마 신화의 최고 신.

지베르. 1844~1888.

러시아의 경제학자. 러시아에서 마르크스의 경제학 저작을 보급한 최초의

한 사람.

[ ㅊ ]

차머즈. 1780~1847.

스코틀랜드의 신학자. 경제학자. '가장 광신적인 맬더스주의자'(마르크스).

차일드. 1630~1699.

영국의 고리대자본에 반대하는 '상업 · 산업자본의 선구자', '근대적 은행업자의 아버지.'

찰스 1세. 1600~1649.

잉글랜드 국왕(재위 1625~1649). 영국 부르주아 혁명 때 혁명파에게 처형당함.

찰스 2세. 1630~1685.

잉글랜드 국왕(재위 1660~1685).

챕만.

영국의 은행가. 런던 어음할인은행인 오브랜드 거니 상사의 출자자.

체르니셰프스키. 1828~1889.

러시아의 혁명적 민주주의자. 러시아 사회민주주의의 뛰어난 선구자.

J. 체임벌린. 1836~1914.

1873~1875년 버밍엄 시장. 장관역임. 보아 공화국에 대한 전쟁의 장본인 중 한 사람. 영국제국주의의 사상가. 네빌 체임벌린의 아버지.

추프로프. 1842~1908.

러시아의 경제학자. 통계학자. 철도 전문가.

[ ㅋ ]

카르즈 폰 카르즈 → 윌리엄스

카를 대제. 742~814.

프랑크 국왕(778~800). 신성로마제
국 초대 황제(800~814).

카를 5세. 1500~1558.

독일의 신성로마제국 황제(1519~
1556). 카를로스 1세라는 이름으로
스페인의 국왕을 겸함(1516~ 1556).

카를 6세. 1685~1740.

신성로마제국 황제(1711~1740).

카를 10세. 1622~1660.

스웨덴 국왕(1654~1660).

카를 11세. 1655~1697.

스웨덴 국왕(1660~1697).

카우츠키. 1854~1938.

독일 사회민주당과 제2인터내셔널의
이론가. 1890년대까지 마르크스주의
보급에 공헌. 그 다음에는 중간노선
의 대변자. 제1차 세계대전 중 수정
주의의 주요한 주창자. 1917년 이후
에는 소비에트 정권과 혁명적 노동운
동의 가장 열렬한 반대자.

카우프만. 1848~1916.

상트페테르부르크 대학 경제학 교수.

카인.

구약성서에서 아담의 큰 아들이고 아
벨의 형.

카쿠스.

로마 신화에서 불을 뿜는 괴물로서

헤라클레스에게 맞아 죽음.

카토. B.C. 234~149

로마의 정치가 · 저술가 · 대토지소유
자. 노예제적 귀족제의 특권을 옹호
함.

칼라일. 1795~1881.

영국의 영웅숭배자. 반동적 낭만주의
관점에서 영국 부르주아지 비판. 토
리당에 가담, 1848년 이후에는 노동
운동에 노골적으로 반대.

칼빈. 1509~1564.

루터와 나란히 16세기의 주요한 종
교개혁가. 그는 "종교개혁의 부르주
아적 성격을 전면에 부각시키면서,
교회를 민주화하였다."(엥겔스)

칼프.

실러의 비극 『음모와 사랑』에 나오는
등장인물. 궁정의 음모가 탄로나 궁
정대신이 사표를 내자, 시종장인 칼
프는 "나는 어떻게 되는가?"라고 슬
프게 외침.

P. 캉티용.

영국의 경제학자. 1759년에 리샤르
캉티용의 불어 원고를 근거로 『산
업 · 상업 … 의 분석』을 출판함.

R. 캉티용. 1680~1734.

영국의 경제학자. 상인. "상업 일반의
성질에 관한 논문"이라는 방대한 원
고를 불어로 썼고, 이것이 프랑스 중
농학파들 사이에서는 귀중한 글로 여
김. 이 원고를 필립 캉티용이 발견하
여 1759년에 영어로 『산업 · 상업 …

의 분석』으로 출판함.

캐리. 1793~1879.

미국의 속류경제학자. 보호무역론자. 부르주아 사회의 계급조화를 옹호함.

케네. 1694~1774.

프랑스의 의사. 중농주의의 창시자. 『경제표』의 저자.

케언즈. 1823~1875.

영국의 경제학자. 정치평론가. 미국 남부 주들의 노예제를 반대.

케틀레. 1796~1874.

벨기에의 통계학자. 천문학자.

코베트. 1762~1835.

영국의 소부르주아적 급진주의의 뛰어난 대표자. 영국 정치제도의 민주화를 위해 싸움.

코차크.

로트베르투스 유고의 편집자.

콜랭. 1783~1859.

벨기에 태생의 프랑스 소부르주아 경제학자. 국가가 지대를 징수할 것을 주장.

콜럼버스. 1451~1506.

스페인에 봉사한 이탈리아의 항해자. 아메리카의 발견자.

콜베르. 1619~1683.

프랑스의 정치가로서 루이 14세 때 재무장관이 되고, 1665~1683년에는 사실상 프랑스의 대내외정책을 지휘. 절대주의 군주제 강화를 위해 중상주의정책을 시행.

콥덴. 1804~1865.

맨체스터의 공장주. 자유무역론자. 곡물법 반대동맹의 창립자. 국회의원.

콩트. 1798~1857.

프랑스의 수학자. 철학자. 사회학자. 실증주의 철학자.

쿠겔만. 1830~1902.

독일 하노바의 의사. 마르크스와 엥겔스의 친구.『자본론』제1권의 보급에 힘씀.

쿠스토디. 1771~1842.

이탈리아의 경제학자. 이탈리아 경제학자들의 주요 저작의 편집자.

쿠자. 1800~1873.

루마니아 군주(1859~1866).

퀸시 → 드 퀸시

퀵클리.

셰익스피어의『헨리 4세』에 등장하는 주막집 과부.

큐피드.

로마 신화에서 사랑의 신.

크롬웰. 1599~1658.

영국의 정치가. 17세기의 부르주아 혁명 때 부르주아지와 부르주아화한 귀족들의 지도자. 1653~1658년에는 잉글랜드, 스코틀랜드, 아일랜드의 원수.

크루소.

다니엘 디포의 소설 제목이자 그 주인공.

크룹. 1812~1887.

독일의 대공업가. 제강·제포공장

주. 이 공장은 유럽의 많은 나라들에
게 대포나 무기를 공급함.

크세노폰. B.C. 430~354.
그리스의 역사가. 철학자. 노예소유
자 계급의 사상가.

클라우렌. 1771~1854.
독일의 감상적인 장단편 소설의 작
가. 문체가 아름답기로 유명함.

클라우센.
벨기에 회전직기의 발명·제작자.

키르히호프.
독일의 농업경영자. 경제학자.

키셀료프. 1788~1872.
러시아의 정치가. 1829~1834년 몰
다우지방과 왈라키아 지방의 총독.

키클롭스.
그리스 신화 중 눈이 하나밖에 없는
거인.

킨킨나투스. B.C. 5세기경.
로마의 집정관(B.C. 460년). 독재자.
검소한 생활을 하면서 자기 농장을
경작함.


[ ㅌ ]


타일러. 1832~ 1917.
영국의 인류학자. 진화론의 지지자.

터커. 1712~1799.
영국의 목사. 경제학자. 애덤 스미스
의 선구자.

터퍼. 1810~1889.
영국의 시인. 내용 없는 도덕을 설교

하는 시들의 작가.

토르.
게르만 신화 중 천둥의 신. 그가 던
지는 방망이는 반드시 다시 자기 손
으로 되돌아옴.

토렌즈. 1780~1864.
영국 통화주의의 대표자.

토크빌. 1805~1859
프랑스의 역사가·정치가·정통왕조
파·입헌군주제의 지지자.

톰슨. 1785~1833.
아일랜드의 경제학자. 유토피아 사회
주의자. 오언의 추종자. 리카도 이론
에서 사회주의적 귀결을 도출.

투크. 1774~1858.
영국 은행주의의 대표자. 리카도의
화폐론을 비판.

튀넨. 1783~1850.
독일 메크렐부르크의 지주. 지대론자
로서 농업의 자본주의적 발전의 프러
시아적 길을 주장.

튀르고. 1727~1781.
프랑스의 중농주의자. 케네의 제자.
진보적 경제정책 때문에 재무장관에
서 실각.

튜더.
영국의 왕조(1485~1603).

티무르. 1336~1405.
몽골의 왕. 1370년 이후 사마르칸드
의 지배자. 중앙아시아와 페르시아를
정복.

티에르. 1797~1877.

프랑스의 수상(1832, 1834). 공화국
대통령(1871~1873).


[ ㅍ ]

파렌하이트. 1686~1736.
  독일의 물리학자. 개량 온도계를 제
  작.
파마스턴. 1784~1865.
  영국의 정치가. 처음에는 토리당원.
  1830년 이후는 휘그당 우파의 지도
  자. 수상(1855~1858, 1859~ 1865).
파씨. 1793~1880
  프랑스의 속류경제학자 · 정치가. 제
  2공화국 시대의 재무부장관.
파우스트.
  괴테가 쓴 비극의 제목이자 그 주인
  공.
파이어맨. 1836년생
  미국의 화학자 · 공장주. 러시아에서
  태어나 독일과 미국에서 거주함.
W. 패터슨. 1658~1719
  영국의 상인. 잉글랜드은행과 스코틀
  랜드은행의 창립자.
패터슨. 1821~1886.
  영국의 경제학자. 정치평론가.
퍼거슨. 1723~1816.
  스코틀랜드의 도덕철학자. 애덤 스미
  스의 스승. 흄의 추종자.
페런드.
  영국의 지주. 토리당 국회의원
I. 페레르. 1806~1880

프랑스의 은행가 · 보나파르트파 · 입
법원의원. 1852년 형 자크 에밀 페레
르와 함께 주식은행 크레디 모빌리에
를 창립하여, 중산층의 저축으로 철
도와 사회기반시설에 대규모로 투자
했으나 1867년 파산.
J-E. 페레르. 1800~1875
  프랑스의 은행가. 1825년부터 1831
  년까지 상시몽파에 가담. 제2제정에
  서는 보나파르트파 · 입법원의원.
페르세우스.
  그리스 신화에서 제우스의 아들로 괴
  물 메두사의 머리를 자른 영웅.
페케르. 1801~1887.
  프랑스의 경제학자. 유토피아 사회주
  의자.
페티. 1623~1687.
  영국의 경제학자. 통계학자. "경제학
  의 창시자이며, 아주 천재적이고 독
  창적인 경제학 연구자"(마르크스).
포르투나투스.
  독일 설화에 자주 나오는 보물주머니
  와 도깨비감투를 가진 인물.
포스터. 1726~1790.
  영국의 목사. 경제문제에서 노동자의
  이익을 옹호함.
포슬스웨이트. 1707~1767.
  영국의 경제학자. 상업에 관한 각종
  저서의 저자. 노동자의 이익을 옹호
  함.
폴로니우스.
  셰익스피어의 비극 『햄릿』에 나오는

간사하고 말이 많은 신하.

폽페. 1776~1854.

독일의 공학자. 뮈빙겐대학 기술학
교수. 특히 기술사를 집필.

퐁트레.

프랑스의 의사. 19세기 후반에 사회
위생학에 관한 많은 저서를 씀.

푸리에. 1772~1837.

생시몽과 함께 프랑스의 가장 중요한
유토피아 사회주의자.

풀라턴. 1780~1849.

영국의 경제학자. 화폐유통과 신용에
관한 책을 저술. 화폐수량설을 반대.

풀턴. 1765~1815.

미국의 기술자이자 발명가. 1803년
에 최초로 실용적인 증기선을 건조.

프라이데이.

『로빈슨 크루소』에서 크루소의 동
무.

프라이스. 1723~1791.

영국의 급진적 정치평론가. 경제학
자. 도덕철학자.

프랭클린. 1706~1790.

미국의 정치가. 자연과학자. 경제학
자. 미국 독립의 적극적 투사. 미국
독립선언문의 공동 기초자.

프로메테우스.

그리스 신화에서 제우스신으로부터
불을 훔쳐 인간에게 준 벌로 헤파이
스토스가 그를 바위에 묶어 놓음.

프로크루스테스.

그리스신화에 나오는 메가라에서 아

테네에 이르는 길목에 살았던 강도.
나그네를 잡아 침대에 눕히고 몸이
침대보다 크면 잘라내고 침대보다 작
으면 두들겨 늘여서 죽임.

프로타고라스. B.C. 480~411.

그리스의 철학자. 소피스트. 노예소
유적 민주주의의 사상가.

프루동. 1809~1865.

프랑스 소부르주아계급의 사상가. 무
정부주의의 이론적 창시자.

프리드리히 2세. 1194~1250.

독일신성로마제국의 황제(재위
1220~ 1250).

프리드리히 2세. 1712~1786.

프로이센 국왕(1740~1786).

프리스틀리. 1733~1804.

영국의 화학자. 진보적 정치가. 1774
년에 산소를 발견하였지만 끝까지 연
소설을 지지.

플라톤. B.C. 427~347.

그리스의 관념론 철학자. 노예소유적
귀족제를 찬양.

플루톤.

그리스 신화에서 부와 저승의 신.

플리니우스. 23~79.

로마의 자연철학자. 『박물지博物誌』
37권의 저자.

플리트우드. 1656~1723.

영국 국교회 주교. 잉글랜드 물가의
역사에 관한 책을 씀.

피토. 1809~1889.

영국의 철도 건설업자. 자유당 국회

의원.

피트. 1759~1806.

영국 토리당의 지도자. 수상(1783~
1801, 1804~1806).

피히테. 1762~1814.

독일 고전철학을 대표하는 주관적 관
념론자. 프랑스 혁명의 열렬한 지지
자. 『독일 국민에게 고함』이란 저서
로 진보적인 부르주아적 민족의식을
형성하는 데 공헌.

핀다로스. B.C. 522~442.

그리스의 서정시인.

R. 필. 1750~1830.

영국의 면공장주. 국회의원. 토리당
원. 영국의 수상 필의 아버지.

R. 필. 1788~1850.

영국의 정치가. 토리당을 보수당으로
쇄신. 수상(1834~1835, 1841~1846).
1844년에 은행법 제정. 1846년에 자
유당 지지를 얻어 곡물법 폐지.

필든. 1784~1849.

영국의 공장주. 부르주아적 박애주의
자. 공장법 제정을 지지.

필라투스. ?~ 37년경.

로마의 유대 총독(이른바 본디오 빌
라도).

필립 6세. 1293~1350.

프랑스 국왕(1328~1350).


[ ㅎ ]


하이네. 1797~1856.

독일의 유명한 시인이며 열렬한 애국
자. 절대주의와 봉건적 · 교권적 반
동을 반대. 민주주의적 독일문학의
전위투사. 마르크스 가족의 친구.

할러. 1768~1854.

스위스의 역사가. 정치학자. 농노제
와 절대주의의 변호론자.

해리슨. 1534~1593.

영국의 목사. 16세기 영국사를 씀.

허바드. 1805~1889

영국의 정치가 · 보수당원 · 국회의
원. 잉글랜드은행 이사(재임 1838~
1851, 1855~1889), 부총재(재임 1851
~1853), 총재(재임 1853~1855).

헉슬리. 1825~1895.

영국의 자연과학자. 다윈의 가장 친
밀한 협력자이자 다윈 학설의 보급
자.

헤겔. 1770~1831.

독일 고전철학의 가장 유명한 대표
자. 헤겔체계에서 "비로소 자연적 ·
역사적 · 정신적 세계 전체가 하나의
과정으로 파악되었으며, 이들 운동과
발전의 내적 관련을 밝히기 위한 시
도가 이루어졌음."(엥겔스)

헤라클레스.

그리스 신화에서 힘과 인내의 화신.

헤렌슈반트. 1728~1812.

스위스의 경제학자.

헤롯 대왕. B.C. 73/74~B.C. 4.

로마 속국 유대의 왕. 『마태복음』
2:16에 따르면, 베들레헴의 2세 이하

의 아이를 모두 죽임.

헤이스팅즈. 1732~1818.

영국의 정치가. 영국령 인도에서 동
인도회사에 근무했으며 초대 총독
(1774~1785)이 됨.

헤파이스토스.

그리스 신화에서 불과 대장장이의 신.

헨리 7세. 1457~1509.

잉글랜드 국왕(1485~1509).

헨리 8세. 1491~1547.

잉글랜드 국왕(1509~1547).

호너. 1785~1864.

영국의 지질학자. 공장감독관. 노동
자 이익의 강직한 옹호자로서, "영국
노동자계급을 위해 불멸의 공적을 남
김."(마르크스)

호머.

그리스 고대의 전설적 서사시인. 서사
시 '일리아드'와 '오딧세이'를 씀.

호지스킨. 1787~1869.

영국의 경제학자. 정치평론가. 고전

파 부르주아 경제학에 대항해 프롤레
타리아적 관점을 대표함. 리카도 이
론을 이용하면서 프롤레타리아트의
이익을 옹호.

홉스. 1588~1679.

영국의 철학자. 기계론적 유물론의
대표자. 반민주주의적 정치관을 가
짐.

홉하우스. 1786~1869.

영국의 정치가. 휘그당원. 그의 발의
로 1831년의 공장법이 제정됨.

후아레스. 1806~1872.

멕시코의 정치가. 민족독립 투사. 멕
시코 내란(1858~1860)과 무력간섭
(1861~1867) 때는 자유당의 지도자.
멕시코 공화국 대통령(1858~1872).

흄. 1711~1776.

스코틀랜드의 철학자. 경제학자. 애
덤 스미스의 친구이자 조언자. 화폐
수량설을 주장.

# 3. 참 고 문 헌

## I. 논문과 저서

( [ ]은 저자나 연도 등이 확인되지 않는다는 의미이고, CW는 Marx & Engels, *Collected Works*를 가리킴. )

[ ㄱ ]

가닐 Ganilh, Charles. 『정치경제학의 이론』(*La théorie de l'économie politique*. 전2권. 파리 1815).

──『정치경제학의 체계』(*Des systèmes d'économie politique, de la valeur comparative de leurs doctrines, et de celle qui parait la plus favorable aux progrès de la richesse*. 2판. 전2권. 파리 1821)

가르니에 Garnier, Germain. 『정치경제학 원리 개요』(*Abrégé élémentaire des principes de l'économie politique*. 파리 1796)

──『애덤 스미스의 『국부론』 주해』(전5권. 파리 1802)

가스켈 Gaskell, Peter. 『잉글랜드의 공업인구』 (*The manufacturing population of England, its moral, social, and physical conditions, and the changes which have arisen from the use of system machinery: with an examination of infant labour*. 런던 1833)

갈리아니 Galiani, Ferdinando. 『화폐에 대해』(*Della Moneta*. 1750. In: 쿠스토디 엮음, 『이탈리아 정치경제학 고전집』 근세편, 제3-4권. 밀라노 1803)

[『경쟁과 협력의 장점 비교에 관한 현상 논문』] (*A prize essay on the*

*comparative merits of competition and cooperation.* 런던 1834)

[『곡물 수출 장려금의 폐지에 관한 고찰』] (*Considerations concerning taking off the bounty on corn exported: in some letters to a friend. To which is added, a postscript, showing that the price of corn is no rule to judge of the value of land.* [런던 1753])

[『곡분 거래와 곡물의 높은 가격에 관한 두 편지』] (*Two letters on the flour trade, and dearness of corn...By a person in business.* 런던 [1767])

[『공공경제 요론』] (*Public economy concentrated; or, a connected view of currency, agriculture, and manufactures.* 칼라일 1833)

『공장문제와 10시간 노동법안』 → 그레그 Greg, R.H.

[『공장의 노동 가격에 영향을 미칠 것으로 생각되는 조세에 관한 고찰』] (*Considerations on taxes, as they are supposed to affect the price of labour in our manufactures. In a letter to a friend.* 런던 1765)

괴테 Goethe, Johann Wolfgang von. 『파우스트』(*Faust*)

────『주라이카』(*An Suleika*)

구드 Good, William Walter. 『정치 · 농업 · 상업상의 오류』 (*Political, Agricultural and Commercial Fallacies; or, the Prospects of the Nation after Twenty Years' 'Free Trade'*, London 1866)

[『구빈세와 식료품의 높은 가격에 대하여 T.C. 반베리 경에게 보내는 편지』] (*A letter to Sir T.C. Bunbury on the poor rates and the high price of provisions, with some proposals for reducing both. By a Suffolk gentleman.* 입스위치 1795)

귈리히 Gülich, Gustav von. 『현대의 가장 중요한 상업국들의 상업 · 공업 · 농업의 역사적 서술』 (*Geschichtliche Darstellung des Handels, des Gewerbe und des Ackerbaus der bedeutendsten handeltreibenden Staaten unser Zeit.* 전5권. 예나 1830-1845)

[『국민경제학에 관한 평론』] (*An essay on the political economy of nations; or a view of the intercourse of countries, as influencing their wealth.*

런던 1821)

[『국민의 산업. 제2부. 기술·기계·매뉴팩처의 현상 개관』] (*The industry of nations, part II. A survey of the existing state of arts, machines, and manufacturing.* 런던 1855)

『국민적 곤란의 근원과 타개책. 존 러셀 경에게 보내는 편지』 → 딜크

그레고아르 Gregoir, Henri. 『브뤼셀의 치안재판에 회부된 인쇄공』 (*Les typographes devant le Tribunal correctionnel de Bruxelles.* 브뤼셀 1865)

그레그 Greg, Robert Hyde. 『공장문제와 10시간 노동법안』 (*The factory question, considered in relation to its effects on the health and morals of those empolyed in factories. And the "Ten Hours Bill", in relation to its effects upon the manufactures of England, and those of foreign countries.* 런던 1837)

그레이 Gray, John. 『국부의 주요 원리』 (*The essential principles of the wealth of nations, illustrated, in opposition to some false doctrines of Dr. Adam Smith, and others.* 런던 1797)

그로브 Grove, William Robert. 『물리적 힘들의 상호관계에 대해』 (*On the correlation of physical forces.* 5판. 런던 1867)

[『금리 일반과 특히 공채이자에 관한 고찰』] (*Some thoughts on the interest of money in general, and particularly in the public funds.* 런던 연도불명)

[『기계공업 장려의 필요성에 관한 이야기』] (*A discourse of the necessity of encouraging mechanick industry.* 런던 1690)

기즈번 Gisborne, Thomas. 『영국 중류·상류계급 사람들의 의무에 관한 연구』 (*An enquiry into the duties of men in the higher and middle classes of society in Great Britain.* 2판. 제2권. 런던 1795)

길바트 Gilbart, James William. 『1839년 화폐시장 핍박의 원인들에 관한 연구』(*An Inquiry into Causes of the Pressure on the Money Market During the Year 1839.* 런던 1840)

───『은행실무론』(*A Practical Treatise on Banking*. 5판. 전2권. 제1권. 런던 1849)

───『은행업의 역사와 원리』(*The History and Principles of Banking*. 런던 1834)

〚 김수행.『자본주의 경제의 위기와 공황』. 서울대학교출판문화원. 2006. 〛

[ ㄴ ]

네커 Necker, Jacques.『네커 저작집』(*Œuvres*. 파리 1789)

[『노동조합에 관해』] (*On combination of trades*. New edition. 런던 1834)

노스 North, Sir Dudley.『상업론, 주로 화폐의 이자 · 주조 · 도려내기 · 증가의 문제에 관해』(*Discourses upon trade; principally directed to the cases of the interest, coynage, clipping, increase of money*. 런던 1691)

[『농업과 곡물법에 관한 세 편의 현상논문』] (*The Three Prize Essays on Agrictlture and the Corn Law*. 런던 1842)

뉴넘 Newnham, G. L.『곡물법에 관한 양원 위원회 앞에서 진술한 증언의 검토』(*A review of the evidence before the committee of the two Houses of Parliament, on the corn laws*. 런던 1815)

뉴마치 Newmarch, W.『가격의 역사』(*A History of Price and of the State of the Circulation from 1793 to 1856*. 런던 1838~57)

뉴먼 Newman, Francis William.『정치경제학 강의』(*Lectures on political economy*. 런던 1851)

뉴먼 Newman, Samuel Phillips.『정치경제학 개요』(*Elements of political economy*. 엔도버 · 뉴욕 1835)

니부르 Niebuhr, Barthold Georg.『로마사』(*Römische Geschichte*. 베를린 1853)

[ ㄷ ]

다우머 Daumer, Georg Friedrich. 『그리스도교 고대의 비밀』(*Die Geheimnisse des christlichen Alterthums.* 전2권. 함부르크 1847)

다윈 Darwin, Charles. 『자연도태에 의한 종의 기원』(*On the origin of species by means of natural selection, or the preservation of favoured races in the struggle for life.* 런던 1859)

단테 Dante, Alighieri. 『신곡』(*Divina Comedia*)

더닝 Dunning, Thomas Joseph. 『노동조합과 파업』(*Trades' Unions and strikes; their philosophy and intention.* 런던 1860)

더브 Dove, Patrick Edward. 『정치경제학원론』(*The Elements of Political Economy.* 전2권. 런던 1854)

더피 Duffy, Charles Gavan. 『빅토리아의 토지법』(*Guide to the land law of Victoria.* 런던 1862)

데르 Daire, Louis François Eugène. 「서문」('Introduction', in *Physiocrates. Quesnay, Dupont de Nemours, Mercier de la Riviere, Baudeau, Le Trosne, avec une introd. sur la doctrine des physiocrates, des commentaires et des notices historiques, par Eugène Daire.* Part 1. 파리 1846)

데스튀트 드 트라시 Destutt De Tracy, Antoine-Louis-Claude, comte de. 『이데올로기 요론, 제4부와 제5부. 의지와 의지작용론』(*Elémens d'idéologie.* 4^{th} and 5^{th} parts. *Traité de la volonté et de ses effets.* 파리 1826)

── 『정치경제학 개론』(*Traité d'économie politique.* 파리 1823)

데카르트 Descartes, René. 『방법서설』(*Discours de la méthode pour bien conduire sa raison, et chercher la vérité dans les sciences.* 파리 1668)

돔발 Dombasle, Christophe. 『로빌의 농업연보』(*Annales agricoles de Roville, oumélanges d'agriculture, d'économie rurale, et de législation agricole.*

*1e-8e et dernière livraion, supplément.* 파리 1824~1837)

뒤로 Dureau de la Malle 『로마인의 정치경제학』(*Économie politique des Romains.* Vol. 1. 파리 1840)

뒤크페티오 Ducpétiaux, Edouard. 『벨기에 노동자계급의 가계부』(*Budgets économiques des classes ouvrières en Belgique. Subssistence, salaires, population.* 브뤼셀 1855)

뒤퐁 Dupont, Pierre. 『노동자의 노래』(*Le chant des ouvriers.* 파리 1854)

뒤퐁 드 느무르 Dupon de Nemours, Pierre-Samuel. 『케네 박사의 공리, 또는 그의 사회경제학 원리의 개요』(*Maximes du docteur Quesnay, ou résumé de ses Principes d'économie sociale.* In: 데르 엮음, 『중농주의 자』제1부. 파리 1846)

드라이던 → 초서

드 로베르티 De Roberty, Jewgeni Walentinowitsch. 「마르크스의 『자본론』 제1권. 정치경제학 비판」(*Marx. Das Kapital. Kritik der politischen Ökonomie.* In: 『실증주의 철학평론』No. 3, 11월/12월, 1868)

드 퀸시 De Quincey, Thomas. 『정치경제학의 논리』(*The logic of political economy.* 에든버러 · 런던 1844)

디드로 Diderot, Denis. 『1767년의 살롱』(*Salon de 1767*)

디오도로스 시쿨러스 Diodorus Siculus 『역사문고』(*Historische Bibliothek, übers. von Julius Friedrich Wurm.* Vol. 1-19. 슈투트가르트 1828-1840)

디츠겐 Dietzgen, Joseph. 「카를 마르크스의 『자본론』. 정치경제학 비판」(*Das Kapital. Kritik der politischen Ökonomie von Karl Marx.* Hamburg 1867. In: 『주간 민주주의』라이프치히. 1868년 8월 1, 22, 29일과 9월 5일)

디킨즈 Dickens, Charles. 『올리버 트위스트』(*The Adventures of Oliver Twist*)

디포 Defoe, Daniel. 『공공신용에 관한 평론』(*An essay upon public credit...* 3판. 런던 1710)

딜크 Dilke, Ch.W. 『국민적 곤란의 근원과 타개책』(*The source and remedy*

*of the national difficulties...in a letter to Lord John Russell.* 런던 1821)

[ ㄹ ]

라드너 Lardner, Dionysius. 『철도경제』(*Railway Economy : A Treatise on the New Art of Transport, its Management, Prospects, and Relations, Commercial, Financial, and Social.* 런던 1850)

라마치니 Ramazzini, Bernardino. 『수공업자의 질병에 대해』(*De morbis artificum diatriba.* 라틴어. 무티나 1700).

──『수공업자의 질병에 관한 평론』(*Essai sur les maladies des artisans.* In: 『의학백과사전』 제7부, 고전저자편. 파리 1841)

라베르뉴 Labergne, Leonce de. 『잉글랜드 · 스코틀랜드 · 아일랜드의 농촌경제』(*The rural economy of England, Scotland and Ireland.* 에든버러 · 런던 1855)

라벨레 Laveleye, Émile-Louis Victor de. 『벨기에 농촌경제론』(*Essai sur l'economie rurale de la Belgique.* 브뤼셀 1863)

라 리비에르 → 메르시에 드 라 리비에르

라보르드 Laborde, Alexandre-Louis-Joseph de.『공동사회의 전체 이익을 위한 협동정신에 대해』(*De l'esprit d'association dans tous les intérêts de la communauté...* 파리 1818)

라살 Lassalle, Ferdinand.『에페소스에 숨어사는 헤라클레이토스의 철학』(*Die Philosophie Herakleitos des Dunkeln von Ephesus...* 베를린 1858)

──『바스티아-슐체 폰 델리치…자본과 노동』(*Herr Bastiat-Schulze von Delitzsch, der ökonomische Julian, oder Kapital und Arbeit.* 베를린 1864)

라이트 Wright, Thomas.『대규모 농장의 독점과 관련해 대중에게 한 간단한 연설』(*A short address to the public on the monopoly of large farms.* 런던 1779)

라이히 Reich, Eduard. 『인류의 퇴화에 관해』(*Über die Entartung des Menschen.* 에를랑겐 1868)

라플즈 Raffles, Thomas Stamford. 『자바사』(*The history of Java.* 전2권. 런던 1817)

란첼로티 Lancellotti, Secondo. 『현대 또는 과거에 뒤떨어지지 않는 지혜』(*L'hoggidi overo gl'ingegni non inferiori a'passati.* 제2부. 베네치아 1658)

람지 Ramsay, George. 『부의 분배에 관한 평론』(*An essay on the distribution of wealth.* 에든버러 1846)

랑 Laing, Samuel. 『국민적 재난, 그 원인과 치유책』(*National distress; its causes and remedies.* 런던 1844)

랑 Laing, Seton. 『콜, 데이비슨 앤드 고든상사의 런던금융시장 대사기사건의 새로운 시리즈』(*A New Series of the Great City Frauds of Cole, Davidson & Gordon.* 5판. London 1869)

랭게 Linguet, Simon-Nicolas-Henri. 『민법이론』(*Théorie des loix civiles ou principes fondamentaux de la société.* 전2권. 런던 1767)

레덴 Reden, Friedrich William von. 『유럽 여러 대국의 지역과 인구사정의 비교문화통계』(*Vergleichende Kultur-Statistik der Geburts-und Bevölkerungsverhältnisse der Gross-Staaten Europas.* 베를린 1848)

레드그레이브 Redgrave, A. 「브레드퍼드의 신기계학회에서 한 강의 보고」("Report of a Lecture Delivered at Mechanics' Institute in Bradford, December 1817." In: *Journal of the Society of Arts*, January 1872. 런던)

레이븐스톤 Ravenstone, Piercy. 『국채제도와 그 효과에 관한 고찰』(*Thoughts on the funding system and its effects.* 런던 1824)

레일러 Lalor, John. 『화폐와 도덕: 현대를 위한 책』(*Money and Morals: A Book for the Times.* 런던 1852)

렉시스 Lexis, Wilhelm. 「본위화폐 문제의 비판적 고찰」('Kritische Erörterungen über die Währungsfrage.' in *Jahrbuch für Gesetzgebung,*

*Verwaltung und Volkswirtschaft im Deutschen Reich*, ed. G. Schmoller. 5th Year, 1. 라이프치히 1881)

───「마르크스의 자본이론」('Die Marx'sche Kapitaltheorie.' in *Jahrbücher für Nationalökonomie und Statistik*, ed. J. Conrad. new series, Vol. 11. 예나 1885)

로 Law, Jean.『통화와 상업에 관한 고찰』(*Considérations sur le numéraire et le commerce*. In: 데르 엮음, 『18세기의 재정경제학자들』. 파리 1843)

로리아 Loria, Achille.「마르크스의 가치법칙에 의거한 평균이윤율. 콘라트 슈미트 씀. 슈투트가르트, 1889년」('Die Durchschnittsprofitrate auf Grundlage des Marx'schen Wertgesetzes. Von Conrad Schmidt, Stuttgart, 1889.' in *Jahrbücher für Nationalökonomie und Statistik*, ed. J. Conrad. new series, Vol. 20. 예나 1890)

───『정치제도에 관한 경제이론』(*La teoria economica della costituzione politica*. 로마 · 토리노 · 플로렌스 1886)

───「칼 마르크스의 유저」('L'opera Postuma di Carlo Marx.' in *Nuova Antologia*, 3rd series, Vol. 55, 3. Rome, 1 February 1895)

로버츠 Roberts, George.『최근 수세기 잉글랜드 남부지방 인민들의 사회사』(*The social history of the people of the southern counties of England in past centuries*. 런던 1856)

로버츠슨, Robertson, G.『정치경제학에 관한 평론들. 현재의 국민적 고난의 주요 원인의 설명』(*Essays on political economy: in which are illustrated the principal causes of the present national distress; with appropriate remedies*. 런던 1830)

로셔 Roscher, Wilhelm.『국민경제학체계』제1권『국민경제학 원리』(*System der Volkswirtschaft*. Bd. 1. *Die Grundlagen der Nationalökonomie*. 3판. 슈투트가르트·아우구스부르크 1858)

로스코 Roscoe, Sir Henry Enfield 와 숄렘머 Schorlemmer, Carl.『자세한 화

학교과서』(*Ausfuhrliches Lehrbuch der Chemie*, Vol. 1. Nichtmetalle. 브라운슈바이크 1877)

로시 Rossi, Pellegrino Luigi Edoardo, comte. 『정치경제학 강의』(*Cours d'economie politique*. 브뤼셀 1843)

로이 Roy, Henry. 『거래소이론. 1844년의 은행특허법』(*The theory of exchanges. The bank charter act of 1844. The abuse of metallic principle to depreciation...*런던 1864)

로저스 Rogers, James E. Thorold. 『잉글랜드의 농업과 가격의 역사』(*A history of agriculture and prices in England from the year after the Oxford Parliament(1259) to the Commencement of the Continental War(1793)*. Vol. Ⅰ. 옥스퍼드 1866)

로크 Locke, John. 『이자 인하의 결과들에 관한 몇 가지 고찰』(*Some considerations on the consequences of the lowering of interest and raising the value of money*. 1691. 『저작집』. 전4권. 8판. 제2권. 런던1777)

로트베르투스-야게쵸 Rodbertus-Jagetzow, John Karl. 『국가경제의 현황 인식을 위하여』 (*Zur Erkenntniβ unserer staatswirtschaftlichen Zustande, Part 1, Funf Theoreme*. 노이브란덴부르크 · 프리트란트 1842)

—— 『폰 키르히만에게 보내는 세 번째 사회적 편지. 리카도 지대론 반박』 (*Sociale briefe an von Kirchman. Dritter Brief: Widerlegung der Ricardo'schen Lehre von der Grundrente und Begründung einer neuen Rententheorie*. 베를린 1851)

—— 『편지와 사회정책논집』(*Briefe und sozialpolitische Aufsätze*. 루돌프 마이어 엮음. 제1권. 베를린 1881)

—— 『자본. 폰 키르히만에게 보내는 네 번째 사회적 편지』 (*Das Kapital. Vierter Brief an von Kirchmann*, ed., von Theophil Kozak, 베를린 1884)

로하치 Rohatzsch, R. H. 『계층 · 나이 · 남녀에 특유한 질병』(*Die Krankheiten, welch verschiedenen Ständen, Altern und Geschlechtern eigenthümlich sind*. 제6권. 울름 1840)

루-라베르뉴와 뷔세 Roux-Lavergne, Pierre-Célestin & Buchez, Philippe-Joseph-Benjamin. 『프랑스혁명의 의회사』(*Histoire parlementaire de la révolution française, ou Journal des assemblées nationales, depuis 1789 jusqu'en 1815.* 제10권. 파리 1834)

루소 Rousseau, Jean-Jacques. 『정치경제학에 관한 연구』(*Discours sur l'economie politique.* 신판. 제네바 1760)

루아르 드 카르 Rouard de Card, Pie-Marie. 『성체의 위조에 대해』(*De la falsification des substances sacramentelles.* 파리 1856)

루크레티우스 Lucretius Carus, Titus. 『만물의 본질에 대하여』(*De rerum natura*)

루터 Luther, Martin. 『목사 여러분께, 고리대에 반대해 설교할 것』(*An die Pfarrherrn wider den Wucher zu predigen.* 비텐베르크 1540)

──『상거래와 고리대에 관하여』(*Von Kauffshandlung und Wucher*, 1524, In: 『마틴 루터 박사 저작집』 제6권. 비텐베르크 1589)

뤼비숑 Rubichon, M. 『프랑스와 영국의 사회기구에 대해』(*Du mécanisme de la société en France et en Angleterre.* 신판. 파리 1837)

류자크 Luzac, E. 『네덜란드의 부』(Vol. 3. 라이덴 1782)

르뇨 Regnault, Elias. 『다뉴브 제후국의 정치·사회사』(*Histoire politique et sociale des principautés Danubiennes.* 파리 1855)

르 트로느 Le Trosne, Guillaume-François. 『사회적 이익에 대해』(*De l'interêt social par rapport à la valeur, à la circulation, à l'industrie et au commerce intérieur.* In: 데르 엮음, 『중농주의자』 파리 1846)

리 Lee, Nathaniel. 『희곡집』(*The Dramatick Works*, in three volumes. Vol. 3, Containing Sophonisba, Nero, Gloriana, Rival Queens, The Massacre of Paris, 런던 1734)

리드 Read, George. 『빵제조업의 역사』(*The history of baking.* 런던 1848)

리바이 Levi, Leone. 「식량공급에서 본 사슴사냥터와 고지농업」("On deer forests and Highlands agriculture in relation to the supply of food." In:

*Journal of the Society of Arts*, March 23, 1866. 런던)

리비히 Liebig, Justus von. 『농업의 이론과 실제』(*Über Theorie und Praxis in der Landwirtschaft.* 브라운슈바이크, 1856)

──『농업과 생리학에 화학을 적용』(*Die Chemie in ihrer Anwendung auf Agricultur und Physiologie.* 7판. 브라운슈바이크 1862)

리삼 Leatham, William Henry. 『통화에 관한 편지』(*Letters on the Currency, Addressed to Charles Wood, Esq., M. P., Chairman of the Committee of the House of Commons, Now Sitting; and Ascertaining for the First Time. on True Principles, the Amount of Inland and Foreign Bills of Exchange in Circulation for Several Consecutive Years, and Out at One Time.* 2판. 런던 1840)

리스트 List, Friedrich. 『농지제도 · 영세경영 · 국외이주』 (*Die Ackerverfassung, die Zwergwirtschaft und die Auswanderung.* 슈투트가르트·튀빙겐 1842)

리처드슨 Richardson, Benjamin. 「노동과 과도노동」("Work and Overwork." In: *Social Science Review*, July 18, 1863. 런던)

리카도 Ricardo, David. 『정치경제학 및 과세의 원리』(*On the principles of political economy and taxation.* 3판. 런던 1821) (모든 인용은 정윤형 역. 비봉출판사 1991에 의거함)

──『금덩이의 높은 가격, 은행권 감가의 한 증거』(*The high price of bullion, a proof of the depreciation of bank notes.* 4판. 런던 1811)

──『농업보호에 대해』 (*On protection to agriculture.* 4판. 런던 1822)

[ ㅁ ]

『마누법전』 (*Manava Dharma Sastra, or the Institutes of Manu According to the Gloss of Kulluka Comprising the Indian System of Duties, Religious and Civil.* 3판. 마드라스 1863)

마론 Maron, H. 『조방인가 집약인가?』(*Extensiv oder intensiv? Ein Kapitel aus der landwirtschaftlichen Betriebslehre.* 오펠른 1859)

마르크스 Marx, Karl. 『정치경제학비판을 위하여』(*Zur Kritik der Politischen Ökonomie.* 베를린 1859) 『CW 29』

―― 『자본론』 초고(1857~1858) (이른바 『정치경제학비판 요강』) 『CW 28~29』

―― 『자본론』 초고(1861~1863) (이른바 『잉여가치학설사』) 『CW 30~34』

―― [익명] 『임금노동과 자본』(*Lohnarbeit und Kapital,* In: *Neue Rheinische Zeitung,* April 1849) 『CW 9』

―― 『철학의 빈곤. 프루동의 「빈곤의 철학」에 대한 대답』(*Misère de la Philosophie. Réponse à la Philosophie de la Misère par M. Proudhon,* 파리 · 브뤼셀, 1847) 『CW 6』

―― 『루이 보나파르트의 브뤼메르 18일』(*Der achtzehnte Brumaire des Louis Bonaparte.* 2판. 함부르크 1869) 『CW 11』

―― [익명] 『국제노동자협회 창립선언과 잠정규약』(*Address and provisional rules of the Working Men's International Association.* 런던 1864) 『CW 20』

―― 『자본론. 정치경제학 비판』 제1권 제1부 『자본의 생산과정』(*Das Kapital. Kritik der politischen Ökonomie. Bd. 1. Buch 1: Der Produktionsprocess des Kapital.* 함부르크 1867)

―― 『자본론. 정치경제학 비판』 제1권 제1부 『자본의 생산과정』. 개정 2판. 함부르크 1872.

―― 『자본론. 정치경제학 비판』 제1권 제1부 『자본의 생산과정』. 개정 증보 3판. 함부르크 1883.

―― 『자본론』 불어판, J. 로아 역. 마르크스가 전체 교열. 파리 1872-1875. [ *Le Capital* Livre premier, Paris: Éditions sociales. 1977. ]

―― 『자본론. 자본주의적 생산의 비판적 분석』. 영어판. 제3독어판에서 사뮤엘 무어(Samuel Moore)와 에드워드 에빌링(Edward Aveling)이 영역

하고 엥겔스가 편집. 제1권. 런던 1887. 『CW 35』

──『자본론. 정치경제학 비판』, 제1권 제1부 『자본의 생산과정』. 다니엘 슨이 독어판에서 러시아어로 번역. 상트페테르부르크 1872.

──『자본론. 정치경제학 비판』, 제2권 제2부 『자본의 유통과정』(*Der Cirkulationsprocess des Kapital*. 엥겔스 편집. 함부르크 1885. 『CW 36』

──『자본론. 정치경제학 비판』, 제3권 제3부 『자본주의적 생산의 총과정』 (*Der Gesamtprocess der kapitalistischen Produktion*). 엥겔스 편집. 함 부르크 1894. 『CW 37』

──『자본론』 I, II, III. 한글판. 김수행 옮김, 2015년 개역판. 비봉출판 사 서울.

──『「폴크스슈타트」 편집부 앞』[브렌타노의 제1공격에 대한 회답](An die Redaktion des "Volksstaat'. In: *Der Volksstaat*. Leipzig. 6월 1일, 1872) 『CW 23: 164~167』

──『「폴크스슈타트」 편집부 앞』[브렌타노의 제2공격에 대한 회답](An die Redaktion des "Volksstaat'. In: *Der Volksstaat*. Leipzig. 8월 7일, 1872) 『CW 23: 190~197』

마르크스와 엥겔스 Engels, Frederick. 『공산당선언』(*Manifest der Kommunistischen Partei*. 런던 1848) 『CW 6』

마우러 Maurer, Georg Ludwig von. 『마르크 · 농지 · 촌락 · 도시제도와 공권 력의 역사에 대한 서설』(*Einleitung zur Geschichte der Mark-, Hof-, Dorf-,und Stadt-Verfassung und der öffentlichen Gewalt*. 뮌헨 1854)

──『독일의 부역농지·농민지·농지제도의 역사』(*Geschichte der Fronhöfe, der Bauernhöfe und der Hofverfassung in Deutchland*. 제4권. 에를랑겐 1862-1863)

──『독일 마르크제도의 역사』(*Geschichte der Markenverfassung in Deutschland*. 에를랑겐 1856)

──『독일 촌락제도의 역사』(*Geschichte der Dorfverfassung in Deutschland*. 전2권. 에를랑겐 1865~6)

─── 『독일 도시제도의 역사』(*Geschichte der Städteverfassung in Deutschland*. 전4권. 에를랑겐 1869~71)

마이어 Meyer, R. H. 『제4신분의 해방투쟁』(*Der Emancipationskampf des vierten Standes*. Vol. 1. Theorie des Socialismus- Der katholische Socialismus- Die Internationale- Deutschland- Schulze- Lassalle- Marx- Die Gewerkvereine-Die Socialconservativen-Die Arbeiterpresse, 베를린 1874)

마이어 Mayer, Sigmund. 『비엔나의 사회문제』(*Die sociale Frag in Wien. Studie eines "Arbeitgebers"*...비엔나 1871)

마이첸 Meitzen, August. 『프로이센의 토지와 농업사정』(*Der Boden und die landwirtschaftlichen Verhältnisse des Preussischen Staates*... 전4권. 베를린 1868-1871)

마티노 Martineau, Harriet. 「맨체스터의 파업」("A Manchester strike. A tale". In: *Illustrations of Political Economy*, Vol. 3, No. 7. 런던 1832)

마틴 Martyn, H. 『잉글랜드에 대한 동인도 무역의 이익』(*The advantages of the East-India trade to England*....런던 1720)

만리 Manley, Thomas. 『오해받는 이자』(*Interest of Money Mistaken, or a Treatise, Proving, That the Abatement of Interest is the Effect and Not the Cause of the Riches of a Nation, and That Six Per Cent. is a Proportionable Interest to the Present Condition of this Kingdom*. 런던 1668)

매시 Massie, Joseph. 『자연적 이자율을 지배하는 원인들에 관한 평론』(*An essay on the governing causes of the natural rate of interest*.... 런던 1750)

매컬록 MacCulloch, John Ramsay. 『정치경제학원리』(*The principles of political economy; with a sketch of the rise and progress of the science*. 2판. 런던 1830)

─── 『정치경제학 문헌분류 목록』(*The literature of political economy: a classified catalogue of select publications in the different departments of that science...* 런던 1845)

──『상업과 해운의 실무·이론·역사 사전』(*A dictionary, practical, theoretical, and historical, of commerce and commercial navigation.* 런던 1847)

매콜리 Macaulay, Thomas Babington.『잉글랜드 역사』(*The history of England from the accession of James the Second.* 10판. Vol. 1. 런던 1854)

매클라렌 Maclaren, James.『통화의 역사 개관』(*A sketch of the history of the currency...* 런던 1858)

매클라우드 Macleod, Henry Dunning.『은행업의 이론과 실제』(*The theory and practice of banking: with the elementary principles of currency, prices, credit and exchanges.* Vol. Ⅰ, 런던 1855)

──『정치경제학 개론』(*The Elements of Political Economy*, 런던 1858)

맨더빌 Mandeville, Bernad de.『꿀벌들의 우화』(*The fable of the bees, or private vices, public benefits.* 런던 1714; 5판. 런던 1728)

맬더스 Malthus, Thomas Robert. [익명]『인구론』(*An essay on the principle of population, as it affects the future improvement of society, with remarks on the speculations of Mr. Godwin, M. Condorcet, and others.* 런던 1798)

──『지대의 성질과 성장 및 지대를 규정하는 원리에 관한 연구』(*An inquiry into the nature and progress of rent and the principles by which it is regulated.* 런던 1815)

──『정치경제학 원리』(*Principles of political economy considered with a view to their practical application.* 런던 1820; 2판, 런던 1836)

──『정치경제학의 정의들』(*Definitions in Political Economy.* 런던 1827; A new edition with a preface, notes and supplementary remarks by John Cazenove. 런던 1853)

머리와 윌슨 Murray, Hugh. & Wilson, James.『영령 인도의 역사적 개관』(*Historical and descriptive account of British India...* 전3권. 제2권. 에

든버러 1832)

머피 Murphy, John Nicholas. 『아일랜드의 산업·정치·사회』(*Ireland industrial, political, and social.* 런던 1870)

먼 Mun, Thomas. 『외국무역에 따른 잉글랜드의 부』(*England's treasure by foreign trade. Or the balance of our foreign trade is the rule of our treasure.* 런던 1669)

메르시에 드 라 리비에르 Mercier de la Rivière, Paul-Pierre. 『정치사회의 자연적·본질적 질서』(*L'ordre naturel et essentiel des sociétés politiques.* In: 데르 편, 『중농학파』, 제2부. 파리 1846)

메리베일 Merivale, Herman. 『식민과 식민지에 관한 강의』(*Lectures on colonisation and colonies, delivered before the University of Oxford in 1839, 1840, and 1841.* 전2권. 런던 1841~1842)

모간 Morgan, Luwis Henry. 『고대사회』(*Ancient Society or Researches in the Lines of Human Progress from Savagery, through Barbarism to Civilization.* 런던 1877)

모어 More, Thomas. 『유토피아』(*Utopia,* 라틴어 1516. 영어판 Ralph Robinson, *Arber's Classics.* 런던 1869)

모턴 Morton, John Lockart. 『소유지의 자원』(*The Resources of Estates : Being a Treatise on The Agricultural Improvement and General Management of Landed Property.* 런던 1858)

모턴 Morton, John Charmers. 「농업에서 사용되는 힘들」("On the forces used in agriculture". In: *Journal of the Society of Arts,* Vol. 7, 12월 9일, 1859. 런던)

── 『실용적·과학적 농업백과사전』(*A cyclopedia of agriculture, practical and scientific.* John Chalmers Morton 엮음. 전2권. 글래스고·런던 1855)

몰리나리 Molinari, Gustave de. 『경제학연구』(*Études économiques.* 파리 1846)

몸젠 Mommsen, Theodor. 『로마사』(*Römische Geschichte.* 2판. 전3권. 베를

린 1856-1857)

몽테스키외 Montesquieu, Charles-Louis de. 『법의 정신』(*De l'esprit des loix*, 1748. 『저작집』. 2~4권. 런던 1767~1769)

몽테유 Monteil, Amans-Alexis. 『각종 사서史書의 원고에 대해』(*Traité de matériaux manuscrits de divers genres d'histoire*. Vol. Ⅰ. 파리 1835)

뫼제르 Möser, Justus. 『오스나브리크 역사』(*Osnabrückische Geschichte*. Vol. 1. 신판. 베를린·스테틴 1780)

뮐러 Müller, Adam Heinrich. 『정치학 요론』(*Die Elemente der Staatskunst*. 베를린 1809)

무니에 Mounier, L. M. 『공문서에 의거한 프랑스 농업에 대해. 뤼비숑의 논평과 함께』(*De l'agriculture en France, d'apres les documents officiels. Avec des remarques par Rubichon*. 전2권. 파리 1846)

미라보 Mirabeau, Gabriel-Victor-Honoré Riqueti. 『프로이센 왕국에 대해』 (*De la monarchie Prussienne, sous Frédéric le Grand*. Vol. 2, 3, 6. 런던 1788)

밀 Mill, James. 『정치경제학 원리』(*Elements of political economy*. 런던 1821; J. T. Parisot에 의한 불어역, 파리 1823)

—— [익명] 「식민지」("Colony". In: Supplement to the *Encyclopadia Britanica*. 1831)

밀 Mill, John Stuart. 『논리학』(A *System of Logic...* 전2권. 런던 1843)

—— 『정치경제학의 약간의 미해결 문제들』(*Essays on some unsettled questions of political economy*. 런던 1844)

—— 『정치경제학 원리』(*Principles of political economy with some of their applications to social philosophy*. 전2권. 2판. 런던 1849; 대중판. 런던 1868)

[ ㅂ ]

바본 Barbon, Nicholas. 『더 가벼운 신화폐의 주조에 관한 이야기. 로크의
화폐 가치 인상에 대한 대답』(*A Discourse concerning coining the new
money lighter. In answer to Mr. Lock's considerations about raising the
value of money.* 런던 1696)

바스티아와 프루동 Bastiat, Frédéric & Pierre-Joseph Proudhon. 『무료신용.
바스티아와 프루동의 논쟁』(*Gratuité du crédit. Discussion entre M.
Fr. Bastiat et M. Proudhon.* 파리 1850)

바일즈 Byles, John Barnard. 『자유무역의 궤변과 대중경제학의 검토』
(*Sophisms of free trade amd popular political economy examined. by a
barrister.* 7판. 런던 1850)

바턴 Barton, John. 『사회의 노동자계급의 상태에 영향을 주는 여러 사정들
의 고찰』(*Observations on the circumstances which influence the
condition of the labouring classes of society.* 런던 1817)

반더린트 Vanderlint, Jacob. 『화폐만능론』(*Money answers all things; or, an
essay to make money suffiently plentiful among all ranks of people.* 런
던 1734)

발자크 Balzac, Honoré de. 『곱세크』(*Gobseck*)

—— 『농민』(Les paysans)

배비지 Babbage, Charles. 『기계와 매뉴팩처의 경제론』(*On the economy of
machinery and manufactures.* 런던 1832)

뱅사르 Vinçard, Pierre-Denis. 『프랑스에서 노동과 노동자의 역사』(*Histoire
du travail et des travailleurs en France.* 전2권. 파리 1845)

버크 Burke, Edmund. 『에드먼드 버크 하원의원이 한 상원의원에게 보낸 편
지』(*A Letter from the Rt. Hon. Edmund Burke to a Noble Lord, on the
attacks made upon him and his pension in the House of Lords, by the*

*Duke of Bedford and the Earl of Lauderdale early in the present session of Parliament.* 런던 1796)

──『곡물부족에 관한 의견과 상세한 논의. 1795년 11월에 W. 피트 하원 의원에게 제출한 것』(*Thoughts and details on scarcity, originally presented to the Rt. Hon. William Pitt in the month of November 1795.* 런던 1800)

버클리 Berkeley, George.『질문자. 대중이 검토해주기를 바라는 몇 개의 질문을 포함』(*The querist, containing several queries, proposed to the consideration of the public.* 런던 1750)

버틀러 Butler, Samuel.『풍자시 휴디브라스』(*Hudibras*)

베르길리우스 Publius Vergilius Maro.『아에네이스』(Aenêis)

베리 Verri, Pietro.『정치경제학에 관한 고찰』(*Meditazioni sulla economia politica,* 1771. In: 쿠스토디 엮음,『이탈리아 정치경제학 고전집』근세편, 제15권. 밀라노 1804)

베이컨 Bacon, Francis.『헨리 7세의 통치사』(*The reign of Henry VII*. 케니트Kennet가 쓴 *England*(1719)의 발췌본. 런던 1870)

──『시민적·도덕적 평론』(*Essays or counsels, civil and moral.* 런던 1625)

베인즈 Baynes, John.『면공업』(*The cotton trade. Two lectures on the above subject, delivered before the members of the Blackburn Literary, Scientific and Mechanics' Institution.* 블랙번 · 런던 1857)

베일리 Bailey, Samuel.『가치의 성질 · 척도 · 원인에 관한 비판적 논문』(*A critical dissertation on the nature, measures, and causes of value: chiefly in reference to the writings of Mr. Ricardo and his followers. By the author of essays on the formation and publication of opinions.* 런던 1825)

── [익명]『화폐와 그 가치변동』(*Money and its vicissitudes in value; as they affect national industry and pecuniary contracts: with a postscript on joint stock banks.* 런던 1837)

베카리아 Beccaria, Cesare. 『공공경제학 원론』(*Elementi di economia pubblica*, 1772. In: 쿠스토디 엮음, 『이탈리아 정치경제학 고전집』 근세편, 제11권. 밀라노 1804)

베크만 Beckman, Johann. 『발명의 역사』(*Beyträge zur Geschichte der Erfindungen.* Vol. 1. 라이프치히 1786)

벤담 Bentham, J. 『형벌과 보상에 관한 이론』(*Théorie des Peines et des Récompense. The Theory of Reward and Punishmint* 3판의 불어판. 파리 1826)

벨 Bell, George M. 『주식은행업의 철학』(*The Philosophy of Joint-Stock Banking.* 런던 1840)

벨러즈 Bellers, John. 『산업전문학교의 설립에 관한 제안』(*Proposals for raising a college of industry of all useful trades and husbandry, with profit for the rich, a plentiful living for the poor, and good education for youth.* 런던 1696)

── 『빈민 · 제조업 · 상업 · 식민 · 비행非行에 관한 평론』(*Essays about the poor, manufactures, trade, plantations, and immorality.* 런던 1699)

보상케트 Bosanquet, James Whatman. 『금속화폐 · 지폐 · 신용화폐』(*Metallic, Paper, and Credit Currency and the Means of Regulating their Quantity and Value.* 런던 1842)

복스호른 Boxhorn, Marcus Zuerius. 『정치제도』(*Institutionum politicarum.* 암스테르담 1663)

볼테르 Voltaire, François-Marie Arouet de. 『캉디드』(*Candide, ou l'optimisme.* 1759)

볼프 Wolf, Julius. 「마르크스가 평균이윤율에 혼미」('Das Rätsel der Durchschnittsprofitrate bei Marx', in *Jahrbücher für Nationalökonomie und Statistik,* ed. J. Conrad. 3rd series, Vol. 2. 예나 1891)

── 『사회주의와 자본주의적 사회질서』(*Sozialismus und Kapitalistische Gesellschaftsordnung. Kritische Würdigung beider als Grundlegung einer Sozialpolitik.* 슈투트가르트 1892)

부아기유베르 Boiguillebert, Pierre Le Pesant. 『부 · 화폐 · 조세의 본질에 관한 논술』(*Dissertation sur la nature des richesses, de l'argent et des tributs ou l'on découvre la fausse idée qui règne dans le monde à l'égard de ces trois articles,* 1707. In: 데르 엮음, 『재정경제학자』. 파리 1843년)

부알로 Boileau, Etienne. 『직업의 책』(*Règlements sur les arts et métiers de Paris, rédigés au 13ième siècle et connus sous le nom du livre des métiers.* 파리 1837)

부알로-데프레오 Boileau-Desperéaux, Nicolas. 『풍자시 8』(*Satire VIII,* 런던 1780)

『북경 주재 러시아제국 공사관의 중국에 관한 연구』(*Arbeiten der Kaiserkich Russischen Gesandtschaft zu Peiking über China, sein Volk, seine Religion, seine Institutionen, socialen Verhältnisse etc.* 상트페테르부르크 1852-1857. 아벨Carl Abel과 메클렌부르크F.A. Mechlenburg가 러시아어로부터 독어로 번역. 제1권. 베를린 1858)

뷔레 Buret, Antoine-Eugene. 『정치경제학강의』(*Cours d'économie politique.* 브뤼셀 1842)

뷔세와 루-라베르뉴 Buchez, Philippe-Joseph-Benjamin & Roux-Lavergne, Pierre-Célestin. 『프랑스혁명의 의회사』(*Histoire parlementaire de la révolution française, ou Journal des assemblées nationales, depuis 1789 jusqu'en 1815.* Vol. X. 파리 1834)

뷔슈 Büsch, Johann Georg. 『상업의 이론적 · 실무적 설명』(*Theoretisch-praktische Darstellung der Handlung in ihren mannichfaltigen Geschäften.* 3판. Vol. 2. 함부르크 1808)

뷰캐넌 Buchanan, David. 『영국의 조세와 상업정책에 관한 연구』(*Inquiry into the taxation and commercial policy of Great Britain; with observations on the principles of currency, and of exchangeable value.* 에든버러 1844)

――『A. 스미스의 『국부론』에서 취급하고 있는 주제들의 고찰』(*Observations on the subjects treated in Dr. Smith's "Wealth of Nations"*. 에든버러 1814)

브렌타노 Brentano, Lujo. 「카를 마르크스는 어떻게 인용하는가」("Wie Karl Marx citirt." In: *Concordia. Zeitschrift für Arbeiterfrage*. No. 10. 3월 7일, 1872. 베를린)

――「카를 마르크스는 어떻게 자기를 변호하는가」("Wie Karl Marx sich vertheidigt." In: *Concordia*. No. 27, 7월 4일, 1872; No. 28, 7월 11일, 1872. 베를린)

브로드허스트 Broadhurst. J. 『정치경제학』(*Treatise on Political Economy*. 런던 1842)

브루크너 Bruckner, John. 『동물계의 이론』(*Théorie du système animal*, 라이덴 1767)

브룸 Brougham, Henry. 『유럽 열강의 식민정책 연구』(*An inquiry into the colonial policy of the European powers*. 전2권. Vol. II. 에든버러 1803)

브리스코 Briscoe, John. 『백만법 · 복권법 · 잉글랜드은행의 최근 기금에 관한 논문』(*A Discourse on the Late Funds of the Million-Act, Lottery-Act, and Bank of England. Shewing, That They are Injurious to the Nobility and Gentry, and Ruinous to the Trade of the Nation. Together with Proposals for the Supplying their Majesties with Money on Easy Terms, Exempting the Nobility, Gentry, &c. from Taxes, Enlarging their Yearly Estates, and Enriching the Subjects in the Kingdom, by a National Land-Bank. Humbly Offered and Submitted to the Consideration of the Lords Spiritual and Temporal, and Commons in Parliament Assembled*. 3판. 부록 포함. 런던 1696)

블랑키 Blanqui, Jérome-Adophe. 『산업경제학 강의』(*Cours d'économie industrielle*. 파리 1838~39)

――『1848년의 프랑스 노동자계급에 대해』(*Des classes ouvrières en*

*France, pendant l'année 1848.* 파리 1849)

블레이키 Blakey, Robert. 『가장 오래된 고대 이래 정치문헌의 역사』(*The history of political literature from the earliest times.* Vol. Ⅱ. 런던 1855)

블로크 Block, Maurice. 『독일의 사회주의 이론가들』(*Les théoriciens du Socialisme en Allemagne. Extrait du Journal des Économistes* … 파리 1872)

비도 Bidaut, J. N. 『공업과 상업에서 발생하는 독점에 대해』 제2분책 『생산과 판매의 독점』(*Du Monopole qui s'établit dans les arts industriels et le commerce, au moyen des grands appareils de fabrication.* 제2분책 *Du Monopole de la fabrication et de la vente.* 파리 1828)

비세링 Vissering, Simon. 『국민경제학 실무요람』(*Handboek van praktische staathuishoudkunde.* Delen 1-3. 암스테르담 1860~1862)

비제 Biese, Franz. 『아리스토텔레스의 철학』(*Die Philosophie des Aristoteles.* 베를린 1842)

비처-스토 Beecher-Stowe, Harriet. 『톰 아저씨의 오두막』(Uncle Tom's cabin)


[ ㅅ ]


[『상공업에 관한 평론』] → 커닝엄

상시몽 Saint-Simon, Clande Henry de Rouvroy, comte de. 『신기독교』 (*Nouveau christianisme. Dialogues entre un conservateur et un novateur. 1er dialogue.* 파리 1825)

[『상시몽의 학설』] (*Doctrine de Saint-Simon. Exposition. Première Année. 1828~1829.* 3판. 파리 1831)

새들러 Sadler, Michael Thomas. 『아일랜드. 그 재난과 구제책』(*Ireland; Its evils and their remedies: being a refutation of the errors of the emigration committee and others, touching that country. To which is prefixed, a synopsis of an original treatise about to be published on the law of population: developing the real principle on which it is universally regulated.* 2판. 런던 1829)

────『인구법칙』(*Law of population.* 전2권. 런던 1830)

생틸레르 → 조프로아 생틸레르

서머즈 Somers, Robert.『스코틀랜드 고지에서 온 편지, 또는 1847년의 기근』(*Letters from the Highlands; or, the Famine of 1847.* 런던 1848)

『서머즈, 할리팍스, 옥스퍼드, 국무장관 버논 따위가 슈루즈베리 공작에게 보낸 원본 편지에 나타난 윌리엄 왕, 선더랜드, 서머즈 따위의 성격과 행동』(*The character and behaviour of King William, Sunderland, Somers etc. as represented in original letters to the Duke of Shrewsbury, from Somers, Halifax, Oxford, secretary Vernon etc.* [대영박물관에 있는 슬론 원고수집물 중의 제4224호])

세 Say, Jean-Baptiste.『정치경제학 개론, 또는 부를 형성·분배·소비하는 방법의 간단한 설명』(*Traité d'économie politique, ou simple exposition de la manière dont se forment, se distribuent et se consomment les richesses.* 3판. 전2권. 파리 1817; 5판. 파리 1826)

────『맬더스에게 보내는 편지, 정치경제학의 주제들, 특히 상업의 일반적 침체에 관하여』(*Lettres à M. Malthus, sur différens sujets d'économie politique, notamment sur les causes de la stagnation générale du commerce.* 파리 1820)

섹스투스 엠피리쿠스 Sextus Empiricus.『정설가 논박』(*Adversus mathematicos*)

세르뷜리에 Cherbuliez, Antoine-Elisée.『부 또는 빈곤』(*Richesse ou pauvreté. Exposition des causes et des effets de la distribution actuelle des richesses sociales.* 파리 1841)

셰익스피어 Shakespeare, William.『헨리 4세』(*Henry IV*)

────『헛소동』(*Much Ado About Nothing*)

────『베니스의 상인』(*The Merchant of Venice*)

—— 『아테네의 타이먼』(*Timon of Athens*)

—— 『여름 밤의 꿈』(*A Midsummer Night's Dream*)

셰플레 Schäffle, A.E.F. 『자본주의와 사회주의』 (*Kapitalismus und Socialismus*. 튀빙겐 1870)

소포클레스 Sophokles. 『안티고네』(*Antigone*)

손턴 Thornton, William Thomas. 『과잉인구와 그 해결책』(*Over-population and its remedy; or, an inquiry into the extent and causes of the distress prevailing among the labouring classes of the British islands, and into the means of remedying it*. 런던 1846)

쇼우 Schouw, Joakim Frederik. 『토지·식물·인간』(*Die Erde, die Pflanzen und der Mensch. Naturschilderungen*. Aus dem Dänischen unter Mitwirkung des Verfassers von H. Zeise. 2판. 라이프치히 1854)

숄렘머 Schorlemmer, Carl. 『유기화학의 성립과 발달』(*The rise and development of organic chemistry*. 런던 1879)

[『수요의 성질과 소비의 필요성에 관한 맬더스 원리의 연구』](*An Inquiry into those principles, respecting the nature of demand and the necessity of consumption, lately advocated by Mr. Malthus, from which it is concluded, that taxation and the maintenance of unproductive consumers can be conducive to the progress of wealth*. 런던 1821)

슈미트 Schmidt, Conrad. 「자본론, 제3권」('Der dritte Band des Kapital,' in *Sozialpolitisches Zentralblatt*. 베를린 2월 25일, 1895)

—— 『마르크스의 가치법칙에 따른 평균이윤율』(*Die Durchschnittsprofitrate auf Grundlage des Marx'schen Wertgesetzes*. 슈투트가르트 1889)

—— 「평균이윤율과 마르크스의 가치법칙」('Die Durchschnittsprofitrate und das Marx'sche Wertgesetz,' in *Neue Zeit*, 11th year, 3-4, 슈투트가르트 1893)

슈토르히 Storch, Henri. 『정치경제학 강의』(*Cours d'économie politique, ou exposition des principes qui déterminent la prospérité des nations*. 전3

권. 상트페테르부르크 1815; Jean-Baptiste Say의 주석이 붙은 것, 제1
권, 파리 1823)

────『국민소득의 성질에 관한 고찰』(*Considerations sur la nature du revenu national*, 파리 1824)

슈톨베르크 Stolberg, Christian Graf zu.『그리스의 시』(*Gedichte. Aus dem Griechischen übersetzt.* 함부르크 1782)

슐츠 Schulz, Wilhelm.『생산의 운동』(*Die Bewegung der Produktion. Eine geschichtlich-statistische Abhandlung zur Grundlegung einer neuen Wissenschaft des Staats und der Gesellschaft.* 취리히 · 빈터투어 1843)

스미스 Smith, Adam.『국부론』(*An inquiry into the nature and causes of the wealth of nations.* 전2권. 런던 1776; E. G. Wakefield 편집, 전6권. 런던 1835~39; David Buchanan 편집, 전3권. 제1권. 에든버러 1814; Garnier의 불어역, 전5권. 파리 1802) (모든 인용은 김수행 역,『국부론』(상) (하). 비봉출판사 2007에 의거함)

────『도덕감정론』(*The theory of moral sentiments.* 런던 1759)

스카르베크 Skarbek, Frédéric.『사회적 부의 이론』(*Théorie des richesses sociales. Suivie d'une bibliographie de l'économie politique.* 2판. 제1권. 파리 1839)

스크로프 Scrope, George Julius Poulett.『정치경제학 원리』(*Principles of Political Economy. Deduced from the natural laws of social welfare, and applied to the present state of Britain.* 런던 1833)

────『정치경제학 원리』. A. Potter 편집. 뉴욕 1841.

스태퍼드 Stafford, William.『현재 우리나라 각계 각층의 일반적 불평에 관한 간단한 고찰』(*A compendious or brief examination of certayne ordinary complaints of divers of our countrymen in these our Days. By W. S. Gentleman.* 런던 1581)

스티벨링 Stiebeling, George.『가치법칙과 이윤율』(*Das Wertgesetz und die Profitrate. Leichtfassliche Auseinandersetzung einiger wissenschaftlicher*

*Fragen. Mit einem polemischen Vorwort.* 뉴욕 1890)

스튜어트 Steuart, James. 『정치경제학 원리의 연구』(*An inquiry into the principles of political economy. Being an essay on the science of domestic policy in free nations.* 전3권. 제1권. 더블린 1770; 파리 1789)

——『저작집』(*Works.* 그의 아들 Sir James Steuart 장군 편찬. 런던 1805년)

스튜어트 Stewart, Dugald. 『정치경제학 강의』(*Lectures on political economy,* 1800. In: 해밀턴 엮음, 『저작집』, 제8권. 에든버러 1855)

스트라이프 Strype, John. 『엘리자베스 여왕의 행복한 통치시기의 종교개혁과 국교확립 및 기타 성공회 안 각종 사건들의 연대기』(*Annals of the reformation and establishment of religion and other various occurrences in the Church of England during Queen Elizabeth's happy reign.* 2판, Vol. 2. 런던 1725)

스트레인지 Strange, William. 『건강의 7개 원천』(*The Seven Sources of Health.* 런던 1864)

스피노자 Spinoza, Baruch de. [Benedictus de.] 『스피노자 왕복편지집』

——『윤리학』(*Ethica*)

시니어 Senior, Nassau William. 『임금률에 관한 세 개의 강의』(*Three lectures on the rate of wages, delivered before the University of Oxford, in easter term, 1830. With a preface on the causes and remedies of the present disturbances.* 런던 1830)

——『정치경제학 개론』(*An outline of the science of political economy.* 런던 1836)

——『정치경제학의 기본원리』(시니어의 강의—간행된 것과 간행되지 않은 것—를 아리바베네가 불어로 번역) (*Principes fondamentaux de l'économie politique, tirés de leçons édites et inédites de Mr. Senior. Par Jean Arrivabene.* 파리 1836)

——『공장법이 면공업에 미치는 영향에 관한 편지』(*Letters on the factory act, as it affects the cotton manufacture...To which are appended, a letter to Mr. Senior from Leonard Horner, and minutes of a conversation between Mr. Edmund Ashworth, Mr. Thompson and Mr. Senior.* 런던 1837)

—— 「연설」 (Address. In: The National Association for the Promotion of Social Science, Report of Proceedings at the Seventh Annual Congress. 에든버러 · 런던 1863)

—— 『아일랜드에 관한 일기 · 대화 · 평론』 (*Journals, conversations and essays relating to Ireland.* 전2권. 제2권. 런던 1868)

시스몽디 Sismondi, Jean-Charles-Léonard Simonde de. 『상업적 부에 관해』 (*De la richesse commerciale, ou principes d'économie politique, appliqués à la législation du commerce*, Vol. Ⅰ. 제네바 1803)

—— 『정치경제학 연구』(*Études sur l'économie politique.* Vol. Ⅰ. 브뤼셀 1837)

—— 『신정치경제학 원리』(*Nouveaux principes d'économie politique, ou de la richesse dans ses rapports avec la population.* Vols. 1-2. 파리 1819)

—— 『신정치경제학 원리』 2판. 파리 1827.

[『시티』](*The City; or, the Physiology of London Business; With Sketches on 'Change, and at the Coffee Houses.* 런던 1845)

[『신용과 파산법에 관한 평론』](*An essay on credit and the bankruptcy act.* 런던 1707)

실러 Schiller, Friedrich von. 『종에 부치는 노래』(*Das Lied von der Glocke*)

—— 『음모와 사랑』(*Kabale und Liebe*)

—— 『인질』(*Die Bürgschaft*)

실리 Seeley, Robert Benton. 『국민의 위기』(*The perils of the nation. An appeal to the legislature, the clergy, and the higher and middle classes.* 2판. 런던 1843)

## [ ㅇ ]

아른트 Arnd, Karl 『독점정신과 공산주의에 대립하는 자연적 국민경제』(*Die naturgemässe Volkswirtschaft, gegenüber dem Monopoliengeiste und dem Communismus, mit einem Rückblicke auf die enschlagende Literatur.* 하나우 1845)

아리스토텔레스 Aristoteles 『니코마코스 윤리학』(*Ethica Nicomachea.* 옥스퍼드 1837)

──『정치학』(*De Republica.* 옥스퍼드 1837)

아버스노트 Arbuthnot, John. 『식료품의 현재 가격과 농장규모 사이의 관계 연구』(*An Inquiry into the Connection Between the Present Price of Provisions and the Size of Farms. With remarks on population as affected thereby. To which are added, proposals for preventing future scacity. By a Farmer.* 런던 1773)

아테나이오스 Athenaeus. 『학자의 향연』(*Deipnosophistarum.* 전15권. 제2권. 슈바이크호이저가 주석·색인을 붙임. 아르젠토라티 1802)

아피안 Appian of Alexandria. 『로마사』(독어역 *Römische Geschichten.* 슈투트가르트 1830)

앙팡탕 Enfantin, Barthélemy-Prosper. 『상시몽파의 종교』(*Religion Saint-Simonienne. Économie politique et politique. Articles extraits du Globe.* 파리 1831)

애덤즈 Adams, William Bridges. 『도로와 레일』(*Roads and Rails and Their Sequences, Physical and Moral,* 런던 1862)

애딩턴 Addington, Stephen. 『개방지 엔클로저에 대한 찬성과 반대 이유의 연구』(*An Inquiry into the Reasons for and against Enclosing Open Fields.* 2판. 런던 1772)

애슐리 Ashley, Anthony. 『10시간 공장법안』(*Ten hours' factory bill. The* speech of Lord Ashley, March 15th, 1844. 런던 1844)

애이킨 Aikin, John. 『맨체스터 주변 30~40마일 지방에 대한 묘사』(A description of the country from 30 to 40 miles round Manchester. 런던 1795)

앤더슨 Anderson, Adam. 『상업사』(An Historical and Chronological Deduction of the Origin of Commerce, from the Earliest Accounts to the Present Time. Containing an history of the great commercial interests of the British Empire. With an appendix. 전2권. 런던 1764)

앤더슨 Anderson, James. 『국민적 근로정신의 고무책에 관한 고찰』(Observations on the Means of Exciting a Spirit of National Industry, Chiefly Intended to Promote the Agriculture, Commerce, Manufactures, and Fisheries of Scotland. In a Series of Letters to a Friend.. Written in the year 1775. 에든버러 1777)

───『꿀벌 또는 문학주보』(The Bee, or literary weekly intelligencer, Vol. 3. 에든버러 1791)

─── 『영국의 현재의 곡물부족을 일으킨 사정들에 관한 냉철한 탐구』(A Calm Investigation of the Circumstances that have Led to the Present Scarcity of Grain in Britain: Suggesting the Means of Alleviating that Evil, and of Preventing the Recurrence of Such a Calamity in Future(1800년 12월에 집필). 2판. 런던 1801)

[『양모수출 제한의 이유』](Reasons for a limited exportation of wool. 런던 1677)

어콰트 Urquhart, David. 『상용어』(Familiar Words as Affecting England and the English. 런던 1855)

에반즈 Evans, N. H. 『우리나라 옛날 귀족』(Our old nobility. By noblesse oblige. 2판. 런던 1879)

엔소 Ensor, George. 『각국의 인구에 관한 연구』(An inquiry concerning the population of nations containing a refutation of Mr. Malthus's essay on *population.* 런던 1818)

엥겔스 Engels, Friedrich. 『국민경제학비판 개요』(*Umrisse zu einer Kritik der Nationalökonomie.* In: *Deutsch-Französische Jahrbücher.* 파리 1844) 『CW 3』

────『영국 노동자계급의 상태』(*Die Lage der arbeitenden Klasse in England. Nach eigner Anschauung und authentischen Quellen.* 라이프 치히 1845) 『CW 4』

────「영국의 10시간 노동법안」(*Die englische Zehnstundenbill.* In: *Neue Rheinische Zeitung. Politisch-ökonomische Revue.* April 1850)『CW 10』

────「제3독어판 서문」(*Preface to the third German edition* of Karl Marx's *Capital,* Vol. 1. 1883) 『CW 35』

────「영어판 서문」(*Preface to the English edition* of Karl Marx's *Capital,* Vol. 1. Translated from the 3rd German edition by Samuel Moore and Edward Aveling and edited by Frederick Engels. 런던 1886) 『CW 35』

────「제4독어판 서문」(*Preface to the fourth edition* of Karl Marx's *Capital,* Vol. 1. 1890) 『CW 35』

────「『자본론』 제3권에 대한 보충설명」(3권 끝) 『CW 37』

영 Young, Arthur. 『정치산술』(*Political arithmetic, containing observations on the present state of Great Britain, and the principles of her policy in the encouragement of agriculture.* 런던 1774)

────『아일랜드 여행기』(*A tour in Ireland; with general observations on the present state of that Kingdom....* 2판. 전2권. 런던 1780)

[『영국 상업정책론, 주로 곡물거래에 관한 것』](*Remarks on the commercial policy of Great Britain, principally as it relates to the corn trade.* 런던 1815)

[『영국의 이자에 관한 약간의 고찰』](*Some Thoughts of the Interest of England. By a Lover of Commerce.* 런던 1697)

[『영국의 지주와 차지농업가를 옹호함. 그들에게 부과되는 의회와 교구의

무거운 세금을 폭로하고 우리나라의 내외정책을 전반적으로 전망함.
요크셔의 농업젠틀맨이 의회의 친구에게 보내는 친밀한 편지들』](*A
defence of the landowners and farmers of Great Britain; and an
exposition of the heavy parliamentary and parochial taxation under
which they labour; combined with a general view of the internal and
external policy of the country: in familiar letters from an agricultural
gentleman in Yorkshire to a friend in Parliament.* 런던 1814)

오르테스 Ortes, Giammaria. 『국민경제학』(*Della economia nazionale,* 전6권,
1774. In: 『이탈리아 정치경제학 고전집』 근세편, 제21권. 밀라노 1804)

오비디우스 Publius Ovidius Naso. 『제사 달력』(*Fasti*)

——『연애술』(*Ars Amatoria*)

——『변태』(*Metamorphoses*)

오언 Owen, Robert. 『공장제도의 고찰』(*Observations on the effect of the
manufacturing system: with hints for the improvement of those parts of
which are most injurious to health and morals.* 2판. 런던 1817)

오지에 Augier, Marie. 『공공신용』(*Du crédit public et de son histoire depuis
les temps anciens jusqu'à nos jours.* 파리 1842)

오트웨이 Otway, J.H. 『주 치안판사 오트웨이의 판결』(*Judgement of J.H.
Otway, chairman of county sessions. Belfast, hilary sessions, 1860.* 런던
1860)

옴스테드 Olmsted, Frederick Law. 『연안 노예주 기행』(*A journey in the
seaboard slave states, with remarks on their economy.* 뉴욕 1856)

옵다이크 Opdyke, George. 『정치경제학 논문』(*A treatise on political
economy.* 뉴욕 1851)

와츠 Watts, John. 『경제학자들의 사실과 허구』(*Facts and fictions of
political economists, being a review of the principles of the science,
separating the true from the false.* 맨체스터 1842)

——『노동조합과 파업』(*Trade societies and strikes: their good and evil influences on the members of Trade Unions, and on society at large. Machinery; its influences on work and wages, and cooperative societies, productive and distributive, past, present, and future.* 맨체스터 1865)

워드 Ward, John. 『스토크-어폰-트렌트 시』(*The borough of Stoke-upon-Trent, in the commencement of the reign of Her Most Gracious Majesty Queen Victoria.* 런던 1843)

월턴 Walton, Alfred. 『영국 차지제도의 역사』(*History of the Landed Tenures of Great Britain and Ireland, from the Norman Conquest to the Present Time, Dedicated to the People of the United Kingdom.* 런던 1865)

웨스트 West, Edward. 『토지에 자본 투하하는 것에 관한 평론』(*Essay on the application of capital to land, with observations showing the impolicy of any great restriction of the importation of corn, and that the bounty of 1688 did not lower the price of it. By a fellow of university college, Oxford.* 런던 1815)

——— 『곡물가격과 노동임금』(*Price of corn and wages of labour, with observations upon Dr. Smith's, Mr. Ricardo's and Mr. Malthus's doctrines upon these subjects; and an attempt at an exposition of the causes of the fluctuations of the price of corn during the last thirty years.* 런던 1826)

웨이드 Wade, John. 『중간계급과 노동계급의 역사』(*History of the middle and working classes; with a popular exposition of the economic and political principles which have influenced the past and present conditions of the industrious orders.* 3판. 런던 1835)

웨이크필드 Wakefield, Edward Gibbon. 『잉글랜드와 미국』(*England and America. A comparison of the social and political state of both nations.* 전2권. 런던 1833)

──『식민방법에 관한 견해』(*A view of the art of colonisation, with present reference to the British Empire; in letters between a statesman and a colonist.* 런던 1849)

──『애덤 스미스의 『국부론』 해설』(전4권. 런던 1835-1839)

웨일랜드 Wayland, Francis. 『정치경제학 개요』(*The elements of political economy.* 보스턴 1843)

위트 Witt, Johan de. 『네덜란드와 서 프리스랜드 공화국의 가장 중요한 정치적 원칙과 격언의 제시』(*aanwysing der heilsame politike gronden en maximen van de Republike van Holland en West-Friesland.* 라이덴 1669)

윌리엄즈 Williams, Richard Price. 「철도의 유지와 갱신에 관하여」("On the Maintenance and Renewal of Permanent Way," in *Minutes of Proceedings of the Institute of Civil Engineers*, Vol. 25, Session 1865/66, 런던 1866)

──「철도의 유지에 관하여」("On the maintenance of permanent way", in *The Money Market Review*, 12월 2일, 1867)

윌크스 Wilks, Mark. 『인도 남부의 역사적 개관』(*Historical sketches of the South of India, in an attempt to trace the history of Mysoor; from the Hindoo Government of the State to the extinction of the Mohammedan Dynasty in 1799.* Vol. I. 런던 1810)

유베나리스 Juvenalis, Decimus Junius. 『풍자시』(*Satirae*, IV)

유어 Ure, Andrew. 『공장철학. 또는 영국 공장제도의 설명』(*The philosophy of manufactures: or, an exposition of the scientific, moral and commercial economy of the factory system of Great Britain.* 런던 1835)

──『공장철학. 또는 면·모·아마·견 제조의 공업경제』(*Philosophie des manufactures ou économie industrielle de la fabrication du cotton, de la laine, du lin et dela soie...*전2권. 파리 1836)

[『의학백과사전, 또는 의술의 각종 부문의 일반적·방법적·완전한 논술』]

(*Encyclopédie des sciences médicales: ou traité général, méthodique et complet des diverses branches de l'art de guérir.* 파리 1841)

이든 Eden, Frederic Morton. 『빈민의 상태』(*The State of the Poor: or an History of the Labouring Classes in England, from the Conquest to the Present Period;...with a large appendix.* 전3권. 런던 1797)

이소크라테스 Isocrates. 『부시리스』(*Busiris.* 파리 1846)


[ ㅈ ]


[『자연적 소유권과 인위적 소유권의 대비』] → 호지스킨

[『자연적 이자율을 지배하는 원인들에 관한 평론』] → 매시

[『정치경제학의 용어논쟁 고찰』](*Observations on certain verbal disputes in political economy, particularly relating to value, and to demand and supply.* 런던 1821)

제노베시 Genovesi, Antonio. 『시민경제학 강의』(*Lezioni di economia civile,* 1765. In: 쿠스토디 엮음, 『이탈리아 정치경제학 고전집』 근세편, 제8권. 밀라노 1803)

제이콥 Jacob, William. 『귀금속의 생산과 소비의 역사적 연구』(*An historical enquiry into the production and consumption of the precious metals.* 전2권. 런던 1831)

—— 『사뮤엘 위트브레드에게 보내는 편지』(*A Letter to Samuel Whitbread, being a sequel to considerations on the protection required by British agriculture.* 런던 1815)

제트베르 Soetbeer, Adolf. 『아메리카의 발견에서 현재까지 귀금속 생산과 금은의 가치 비교』 (*Edelmetall-Produktion und Wertverhaltniss zwischen Gold und Silber Seit der Entdeckung Amerika's bis zur Gegenwart,* 고타 1879)

조프로아 생틸레르 Geoffroy Saint-Hilaire, Etienne. 『자연철학의 종합적 · 역

사적 · 생리적 검토』(*Notions synthétiques, historiques et physiologiques de philosophi naturelle.* 파리 1838)

존스 Jones, Richard. 『부의 분배와 세원에 관한 연구』 (*An essay on the distribution of wealth, and on the sources of taxation.* Part I, On rent. 런던 1831)

──『정치경제학입문 강의』 (*An introductory lecture on political economy, delivered at King's College, London, 27th February 1833. To which is added a syllabus of a course of lectures on the wages of labour, to be delivered at King's College, London, in the month of April, 1833.* 런던 1833)

──『국민경제학 교과서』 (*Textbook of lectures on the political economy of nations.* 허트퍼드 1852)

존스턴 Johnston, James. 『농업 · 경제 · 사회의 관점에서 본 북아메리카견문기』 (*Notes on North America, Agricultural, Economical, and Social.* 전 2권. 제1권. 에든버러 · 런던 1851)

좀바르트 Sombart, Werner. 「카를 마르크스의 경제학체계 비판을 위해」 ('Zur Kritik des ökonomischen Systems von Karl Marx,' in *Archiv für soziale Gesetzgebung und Statistik*…. Vol. 7. 베를린 1894)

지베르 Sieber, Nicolai Iwanowitsch.『리카도의 가치와 자본에 관한 이론』 (*David Ricardo's theory of value and captial* [in Russian]. 키예프 1871)

[ ㅊ ]

차머즈 Chalmers, Thomas. 『정치경제학에 대해』(*On political economy in connexion with the moral state and moral prospects of society.* 2판. 글래스고 1832)

차일드 Child, Josiah. 『상업, 특히 동인도 상업에 관한 이야기』(*A discourse*

*concerning trade, and that in particular of the East-Indies.* 런던 1689)

—— 『상업에 관한 연구』(*Traités sur le commerce et sur les avantages qui résultent de la reduction de l'interest de l'argent, avec un petit traité contre l'usure; par Thomas Culpepper. Trad. de l'Anglois.* 암스테르담 · 베를린 1754)

챔벌렌 Chamberleyne[또는 Chamberlen], Hugh. 『토지를 담보로 설립되는 확실한 유통신용의 은행을 제안함』(*A Proposal for a Bank of Secure Current Credit to be Founded upon Land, In Order to the General Good of Landed Men, to the Great Increase of the Value of Land, and the No Less Benefit of Trade and Commerce.* 런던 1695)

—— 『이 왕국에 토지신용을 확립하는 것을 공손히 권고하는 약간의 제안』 (*A Few Proposals, Humbly Recommending, to the Serious Consideration of His Majesty's High Commissioner, and the Right Honourable, the Estates of Parliament, the Establishing a Land-Credit in this Kingdom; With several Explanations of, and Arguments for, the Same; Together With Full Answers to All Such Objections, As Have Hitherto Appeared Against It.* 에든버러 1700)

체르니셰프스키 Tschernyschewski, Nicolai Gawrilowistch. 『밀의 정치경제학 개론』(*Outlines of political economy according to John Stuart Mill.* 상트페테르부르크 1861)

초서 Chaucer, Geoffrey. 『수탉과 여우』(*The cock and the fox: or, the tale of the nun's priest.* In: John Dryden, *Fables ancient and moral.* 런던 1713)

[『최근 맬더스 씨가 주장하는 수요의 성질과 소비의 필요에 관한 원리들의 연구』](*An inquiry into those principles, respecting the nature of demand and the necessity of consumption, lately advocated by Mr. Malthus, from which it is concluded, that taxation and the maintenance of unproductive consumers can be conducive to the progress of wealth.*

런던 1821)

[『최근의 구빈세 인상 이유, 또는 노동가격과 식량가격의 비교 검토』]
(*Reasons for the late increase of the poor-rates: or, a comparative
views of the price of labour and provisions. Humbly addressed to the
consideration of the Legislature.* 런던 1777)

추프로프 Chuprov,Alexander Ivanovitch. 『철도경제』(*Zhelyeznodorozhnoye
Khozyaistvo*, 모스크바 1875)


[ ㅋ ]


카우프만 Kaufman, Illarion Ignatjewitsch. 『카를 마르크스의 경제학비판의
관점』(상트페테르부르크 1872)

칼라일 Carlyle, Thomas. 「아메리카의 소일리아스」(*"Ilias Americana in
nuce."* In: *Macmillan's Magazine*, August 1863. 런던)

캉티용 Cantillon, Philip. 『산업, 상업, 주화, 금덩이, 은행, 외국환의 분석…
매우 재능이 뛰어난 죽은 신사의 원고로부터 이론을 주로 얻어, 우리나
라의 산업과 상업의 현재 상황에 적용함』(*The analysis of trade,
commerce, coin, bullion, banks and foreign exchanges. Wherein the true
principles of this useful knowledge are fully but briefly laid down and
explained, to give a clear idea of their happy consequences to society,
when well regulated. Taken chiefly from a munuscript of a very
ingenious gentleman deceas'd, and adapted to the present situation of
our trade and commerce.* 런던 1759)

캉티용 Cantillon, Richard. 『상업 일반의 성질에 관한 연구』(*Essai sur la
nature du commerce en général. In: Discours politiques*, No. 3. 암스테
르담 1756)

캐리 Carey, Henry Charles. 『임금률에 관한 연구』(*Essay on the rate of
wages: with an examination of the causes of the differences in the*

*condition of the labouring population throughout the world.* 필라델피아
· 런던 1835)

――『노예무역』(*The slave trade, domestic and foreign: why it exists, and
how it may be extinguished.* 필라델피아 1853)

――『과거 · 현재 · 미래』(*The Past, the Present, and the Future.* 필라델피
아 1848)

――『사회과학의 원리』(*Principles of Social Science.* 전3권. 제3권. 필라델
피아 1859)

캐즈노브 Cazenove, John. 『정치경제학 개론』(*Outlines of political economy;
being a plain and short view of the laws relating to the production,
distribution, and consumption of wealth.* 런던 1832)

――『맬더스의 신판 『정치경제학의 정의들』에 서문과 해설을 달다』(런던
1853)

캠벌 Campbell, George. 『현대 인도』(*Modern India: A sketch of the system
of civil government. To which is prefixed, some accounts of the natives
and native institutions.* 런던 1852)

커닝엄 Cunningham, J. 『노동가격에 영향을 미치는 조세에 관한 연구』
(*Considerations on taxes, as they are supposed to affect the price of
labour in our manufactories.* 런던 1765)

――『상공업에 관한 평론』(*An essay on trade and commerce: containing
observation on taxes, as they are supposed to affect the price of labour
in our manufactures: together with some interesting reflections on the
importance of our trade to America...By the author of "Considerations
on taxes".* 런던 1770)

케네 Quesnay, François. 『경제표. 한 국민의 연간 수입의 분배 변화에 관한
고찰』(*Tableau œconomique. Remarques sur les variations de la
distribution des revenus annules d'une nation.* 베르사유 1758)

――『경제표의 분석』(*Analyse du tableau èconomique,* 1766. In: 데르 엮음,

『중농주의자』, 제1부. 파리 1846)

──『상업과 수공업자의 노동에 관한 대화』(*Dialogues sur le commerce et les travaux des Artisans,* 1767. In: 데르 엮음,『중농주의자』, 제1부. 파리 1846)

케언즈 Cairnes, John Elliot.『노예의 힘』(*The slave power: its character, career and probable designs; being an attempt to explain the real issues involved in the American contest.* 런던 1862)

케틀레 Quételet, Adolphe-Lambert-Jacques.『인간과 그 능력 발달에 대해』(*Sur l'homme et le dévelopment de ses facultés, ou essai de physique sociale.* 전2권. 파리 1835)

코르베트 Corbet, Thomas.『개인의 부의 기원과 형태에 관한 연구』(*An inquiry into the causes and modes of the wealth of individuals; or the principles of trade and speculation explained.* 런던 1841)

코르봉 Corbon, Claude-Anthime.『직업교육』(*De l'enseignement professionnel.* 2판. 파리 1860)

코베트 Cobett, William.『잉글랜드와 아일랜드의 신교 개혁의 역사』(*A history of the protestant "Reformation" in England and Ireland. Showing how that event has impoverished and degraded the main body of the people in those countries. In a series of letters, addressed to all sensible and just Englishmen.* 런던 1824)

코클랭 Coquelin, Charles.「산업에서 신용과 은행에 대하여」('Du crédit et des banques dans l'industrie', in *Revue des deux Mondes,* 4th series, Vol. 31. 파리 1842)

코프 Kopp, Hermann.『화학의 발달』(*Entwicklung der Chemie.* In:『독일 과학사, 근대편』제10권 제3편. 뮌헨 1871)

콜랭 Colins, Jean-Gilllaume-César-Alexandre-Hippolyte.『정치경제학. 혁명과 이른바 사회주의적 유토피아의 원천』(*L'Economie Politique. Source des Révolutions et des Utopies prétendues socialistes.* Vol. Ⅲ. 파리

1857)

콜럼버스 Columbus, Christoph. 『자마이카에서 온 편지』(Brief aus Jamaica). 콜럼버스의 편지와 보고서를 자기 친구와 아들이 1536년에 공간했는데, 이 책을 나바레테Navarrete, Martin Fernandez de가 1791년 발견하여 1826년에 『1492~1504년의 콜럼버스 여행』으로 발간했고, 이 책이 1890년경에 라이프치히에서 독어로 번역됨.

콩디약 Condillac, Etienne-Bonnot de. 『상업과 정부』(Le commerce et le gouvernement, 1776. In: 데르와 몰리나리 엮음, 『정치경제학총서』, 제1권. 파리 1847)

콩트 Comte, Charles. 『입법론』(Traité de la législation ou exposition des lois générales, suivant lesquelles les peuples prospèrent, dépérissent, ou restent stationnaires. 3판. 브뤼셀 1837)

──『소유론』(Traité de la propriété. 전2권. 파리 1834)

쿠 Cous, Salomon de. → 헤로 알렉산드리누스

쿠르셀-스뇌유 Courcelle-Seneuil, Jean-Gustave. 『공업·상업·농업 기업의 이론과 실제』(Traité théorique et pratique des entreprises industrielles, commerciales et agricoles ou Manuel des affaires. 2판. 파리 1857)

퀴비에 Cuvier, George. 『지표의 변천에 관한 연구』(Discours sur les ré volutions du globe. 파리 1863)

크세노폰 Xenophon 『큐로페디아』(Cyropaedia)

클라크 Clarke, G. 『잉글랜드 양모업의 사례』(The case of our English wool, and the manufacture thereof truly stated. 런던 1685)

클레먼트 Clement, Simon. 『서로 관련이 있는 화폐·상업·외환의 일반적 개념에 관한 이야기』(A discourse of the general notions of money, trade and exchanges, as they stand in relation each to other. By a merchant. 런던 1695)

키니어 Kinnear, John Gardiner. 『공황과 통화』(The Crisis and the Currency: With a Comparison Between the English and Scotch Systems of

*Banking*. 런던 1847)

키르히호프 Kirchhof, Friedrich. 『농업경영학 편람』(*Handbuch der landwirtschaftlichen Betriebslehre*, 데사우 1852)

키셀바하 Kiesselbach, Wilhelm. 『중세에서 세계상업의 진전』(*Der Gang des Welthandels und die Entwicklung des europäischen Völkerlebens im Mittelalter*. 슈투트가르트 1860)

[ ㅌ ]

타운센드 Townsend, Joseph. 『구빈법론』(*A dissertation on the poor laws. By a well-wisher of mankind. 1786.* 재판. 런던 1817)

──『스페인 여행기』(*A journey through Spain in the years 1786 and 1787. With particular attention to the agriculture, manufacturing, commerce, population, taxes and revenue of that country, and remarks in passing through a part of France.* 전3권. 런던 1791)

타일러 Tylor[또는 Tyler], Edward Burnett. 『인류의 원시사와 문명의 발전에 관한 연구』(*Forschungen uber die Urgeschichte der Menschheit und die Entwickelung der Civilisation*, trans, H. Müller, 라이프치히)

터케트 Tuckett, John Debell. 『노동인구의 과거 · 현재 상태의 역사』(*A history of the past and present state of the labouring population, including the progress of agriculture, manufactures and commerce, showing the extremes of opulence and destitution among the operative classes, with practical means for their employment and future prosperity.* 전2권. 제1권. 런던 1846)

토렌즈 Torrens, Robert. 『곡물무역론』(*An essay on the external corn trade.* 런던 1815)

──『부의 생산에 관한 평론』(*An essay on the production of wealth; with an appendix, in which the principles of political economy are applied to the actual circumstances of this country.* 런던 1821)

――『임금과 단결에 관해』(*On wages and combination.* 런던 1834)

――『1844년 은행법의 운용에 관하여』(*On the Operation of the Bank Charter Act of 1844, as It Affects Commercial Credit.* 2판. 런던 1847)

토크빌 Tocqueville, Alexis Clérel de. 『옛 체제와 혁명』(*L'ancien regime et la révolution.* 파리 1856)

톰슨 Thompson, William. 『인간의 행복을 가장 잘 증진시키는 부의 분배 원리에 관한 연구』(*An inquiry into the principles of the distribution most conducive to human happiness; applied to the newly proposed system of voluntary equality of wealth.* 런던 1824; 2판 1850)

톰슨 Thompson, Sir Benjamin, Count of Rumford. 『정치 · 경제 · 철학 평론집』(*Essays, political, economical, and philosophical.* 전3권. 런던 1796-1802)

[『통화이론 검토』](*The currency theory reviewed; in a letter to the Scottish people on the manaced interference by government with the existing system of banking in Scotland. By a banker in England.* 에든버러 1845)

투크 Tooke, Thomas. 『물가와 통화상태의 역사. 1793~1837』(*A History of Prices, and of the State of the Circulation, from 1793 to 1837; Preceded by a Brief Sketch of the State of the Corn Trade in the Last Two Centuries.* 전2권. 제2권. 런던 1838)

――『물가와 통화상태의 역사, 1839~1847』(*A History of Prices, and of the State of the Circulation, from 1839 to 1847 Inclusive: With a General Review of the Currency Question, and Remarks on the Operation of the Act 7 & 8 Vict. c. 32. Being a Continuation of the History of Prices from 1793 to 1837.* 런던 1848)

――『통화원리의 연구』(*An Inquiry into the Currency Principle; the Connection of the Currency with Prices, and the Expediency of a Separation of Issue from Banking.* 2판. 런던 1844)

투크와 뉴마치 Tooke, Thomas. & Newmarch, William.『물가와 통화상태의
    역사, 1848-1856년』(*A history of prices, and of the state of the
    circulation, during the nine years 1848 −1856.* 전2권. 이 두 권은 1792
    년에서 현재까지의 역사 중 제5권과 제6권을 이룬다. 런던 1857)
투키디데스 Thucydides.『펠로폰네소스 전쟁사』(*De bello Peloponnesiaco*)
툰 Thun, Alphons. 『라인 하류지방의 공업』 제2권(*Die Industrie am
    Niederrhein und ihre Arbeiter, Vol. 2, Die Industrie des bergischen
    Landes(Solingen, Remscheid und Elberfeld-Barmen).* 라이프치히 1879)
뛰넨 Thünen, Johann Heinrih von. 『농업과 국민경제에 관한 고립국가』
    (*Der isolierte Staat in Beziehung auf Landwirtschaft und
    Nationalökonomie.* 로스토크 1863)
뛰르고 Turgot, Anne-Robert-Jacues, de l'Aulne.『부의 형성과 분배의 고찰』
    (*Réflexions sur la formation et la distribution des richesses*, 1766. In:
    데르 엮음,『저작집』, 제1권. 파리 1844)
트리멘히어 Tremenheere, H. S.『빵제조 직인들의 불평불만』(*The grievances
    complained of by the journeymen bakers*⋯ 런던 1862)
티에르 Thiers, Louis-Adolphe. 『재산에 관해』(*De la propriété.* 파리 1848)

[ ㅍ ]

파니니 Pagnini, Giovanni Francesco.『물건들의 정당한 가격, 화폐의 정당한
    가치 및 로마사람들의 상업에 관한 연구』(*Saggio sopra il giusto pregio
    delle cose, la giusta valuta della moneta et sopra il commercio dei
    romani*, 1751. In: 쿠스토디 엮음,『이탈리아 정치경제학 고전집』 근세
    편, 제2권. 밀라노 1803)
파씨 Passy, Hippolyte Philbert. 「지대」('Rente du sol', in *Dictionnaire de
    l'economie politique*⋯ 2판. 제2권. 파리 1854)
파울하버 Faulhaber, Johann. 『낡은 제분기의 기계개량』(*Mechanische*

*Verbesserung einer Alten Roszmühlen, welch vor diesem der Königliche Ingenieur Augustinus Ramellus an tag geben...*울름 1625)

파이어맨 Fireman, Peter. 「마르크스 가치론 비판」('Kritik der Marx'schen Werttheorie,' in *Jahrbücher für Nationalökonomie und Statistik*⋯ 3rd series, Vol. 3. 예나 1892)

파필론 Papillon, Thomas. 『영국에 매우 유리한 무역인 동인도무역』(*The East-India-Trade a most profitable trade to the Kingdom. And best secured and improved in a company and a joint-stock.* 런던 1677)

패리 Parry, Charles Henry. 『현행 곡물법의 필요성에 관한 문제. 이 법과 농업노동자 · 차지농 · 지주 · 농촌 사이의 관계를 고찰』(*The question of the necessity of the existing corn laws, considered in their relation to the agricultural labourer, the tenantry, the landholder, and the country.* 런던 1816)

패리 Parry, William Edward. 『대서양에서 태평양으로 가는 서북항로를 발견하는 항해 일지』(*Journal of a voyage for the discovery of a north-east passage from the Atlantic to the Pacific; performed in the years 1819-20, in His Majesty's ships Hecla and Griper, under the orders of William Edward Parry.* 2판. 런던 1821)

패터슨 Patterson, Robert Hogard. 『재정학』(*The Science of Finance. A Practical Treatise,* 에든버러·런던 1868)

퍼거슨 Ferguson, Adam. 『시민사회사』(*An essay on the history of civil society.* 에든버러 1767)

페리에 Ferrier, François-Louis-Auguste.『상업과의 관계에서 고찰한 정부』(*Du gouvernement considéré dans ses rapports avec le commerce.* 파리 1805)

페케르 Pecqueur, Constantin. 『사회적 · 정치적 경제학의 새로운 이론』(*Théorie nouvelle d'économie sociale et politique, ou études sur l'organisation des sociétés.* 파리 1842)

페티 Petty, William. [익명] 『조세공납론』(*A Treatise of taxes and contributions*. 런던 1667)

—— 『아일랜드의 정치적 해부』(*Political anatomy of Ireland*. 런던 1691)

—— 『화폐에 관한 작은 이야기』(*Quantulumcunque concerning money. To the Lord Marquis of Halifax. 1682*. 런던 1695)

—— 『인간 증식에 관한 평론』(*An essay concerning the multiplication of mankind: together with another essay in political arithmetic, concerning the growth of the City of London; with measures, periods, causes, and consequences thereof. 1682*. In: Petty, W. *Several essays in political arithmetic* ··· 런던 1699)

펠러와 오더만 Feller, Friedrich Ernst & Odermann, Karl Gustav. 『상인적 산술의 전체』(*Das Ganze der kaufmännischen Arithmetik. Für Handels-, Real-und Gewerbeschulen, so wie zum Selbstunterricht für Geschäftsmänner überhaupt*. 7판. 라이프치히 1859)

포르보네 Forbonnais, François-Veron de. 『상업원리』(*Élemens du commerce*. 신판. 라이덴 1776)

포세트 Fawcett, Henry. 『영국 노동자의 경제적 지위』(*The economic position of the British labourer*. 케임브리지·런던 1865)

포스터 Forster, Nathaniel. 『현재 식료품의 가격이 높은 원인에 관한 연구』(*An enquiry into the causes of the present high price of provisions*. 런던 1767)

포슬스웨이트 Postlethwayt, Malachy. 『영국의 상업적 이익의 해명과 개선』(*Great Britain's commercial interest explained and improved*. 2 vols. 2판. 런던 1759)

—— 『상공업 대사전』(*The universal dictionary of trade and commerce: with large add. and improvements, adapted the same to the present state of British affairs in America, since the last treaty of peace made in the year 1763*. 4판. Vol. 1. 런던 1774)

포카드 Forcade, Eugène. 「사회주의의 전쟁, Ⅱ. 혁명적이고 사회적인 정치경제학」('La guerre du socialisme, Ⅱ. L'économie politique révolutionnaire et sociale', in *Revue des deux Mondes*, new series, Vol. 24. 파리 1848)

포터 Potter, Alonzo. 『정치경제학』(*Political economy: it's objects, uses, and principles: considered with reference to the condition of the American people.* 뉴욕 1841)

포터 Potter, Edmund. 「면화지역과 이민」(The cotton districts and emigration. In: *The Times*. 3월 24일, 1863)

포테스큐 Fortescue, John. 『잉글랜드법의 찬미』(*De laudibus Legum Angliae.* 런던 1537)

폽페 Poppe, Johann Heinrich Moritz von. 『과학들의 부흥 이후 18세기 말까지 기술학의 역사』(*Geschichte der Technologie seit der Wiederherstellung der Wissenschaften bis an das Ende des achtzehnten Jahrhunderts.* 제1권. 괴팅겐 1807)

퐁트레 Fonteret, Antoinne-Louis. 『대도시 일반, 특히 리용시 노동자의 육체적 · 정신적 위생』(*Hygiène physique et morale de l'ouvrier dans les grandes villes en général, et dans la ville de Lyon en particulier.* 파리 1858)

푸리에 Fourier, Charles. 『산업적 · 조합적 신세계』(*Le nouveau monde industrielle et sociétaire, ou invention du procédé d'industrie attrayante et naturelle distribuée en séries passionnées.* 파리 1829)

──『허위의 산업과 진정한 산업』(*La fausse industrie morcelée, répugnante, mensongère, et l'industrie naturelle, combinée, attrayante, véridique, donnant quadruple produit.* 파리 1835-1836)

풀라턴 Fullarton, John. 『통화조절론』(*On the regulation of currencies; being an examination of the principles, on which it is proposed to restrict, within certain fixed limits, the future issues on credit of the Bank of England and of the other banking establishments throughout the* country. 2판. 런던 1845)

프라이스 Price, Richard.『연금지불에 대한 고찰』(*Observations on reversionary payments; on schemes for providing annuities for widows, and for persons in old age; on the method of calculating the values of assurances on lives; and on the national debt.* 윌리엄 모건이 엮은 6판. 제2권. 런던 1803)

―― 『국채문제에 관하여 대중에 호소』(*An Appeal to the Public, on the Subject of the National Debt.* 런던 1772)

프라이타크 Freytag, Gustav.『독일 국민생활의 새 풍경』(*Neue Bilder aus dem Leben des deutschen Volkes.* 라이프치히 1862)

프란시스 Francis, John.『잉글랜드은행사』(*History of the Bank of England. Its Times and Traditions.* 3판. 제1권. 런던 1848)

프랭클린 Franklin, Benjamin.『국민의 부에 관해 검토해야 할 견해들』(*Positions to be examined, concerning national wealth.* In: 스파크 엮음,『저작집』제2권. 보스턴 1836)

――『지폐의 성질과 필요에 관한 작은 연구』(*A modest inquiry into the nature and necessity of a paper currency.*『저작집』제2권. 보스턴 1836)

프루동 Proudhon, Pierre-Joseph.『경제적 모순들의 체계, 또는 빈곤의 철학』(*Système des contradictions économiques, ou philosophie de la misère.* Vol. I. 파리 1846)

――『재산이란 무엇인가?』(*Qu'est-ce que la propriété? ou recherches sur le principe du droit et du gouvernement.* 파리 1841)

플라톤 Plato.『국가』(*De Republica.* In:『저작집』제13권. 취리히 1840)

플리트우드 Fleetwood, William.『물가연표』(*Chronicon preciosum: or, an account of English money, the price of corn, and other commodities for the last 600 years.* 런던 1707)

――『지난 600년 동안 잉글랜드의 물가와 소득의 연표』(*Chronicon preciosum:*

*or, an account of English gold and silver money; the price of corn and other commodities; and of stipends, salaries, wages, jointures, portions, day-labour, etc. in England, for 600 years last past.* 런던 1745)

피츠모리스 Fitzmaurice. 「칼레도니아철도 조사위원회」("Committee of Inquiry on Caledonian Railway," in *Money Market Review*, 1월 25일, 1868)

핀토 Pinto, Isaac. 『유통 · 신용론』(*Traité de la Circulation et du Crédit.* 암스테르담 1771)

필든 Fielden, John. 『공장제도의 저주』(*The curse of the factory system: or, a short account of the origin of factory cruelties.* 런던 1836)


[ ㅎ ]


하드카슬 Hardcastle, Daniel. 『은행과 은행업자』(*Bank and Bankers, with an appendix, Comprising a Review of the Failures Among Private and Joint-Stock Banks.* 2판. 런던 1843)

하설 Hassall, Arthur Hill. 『적발된 불량품』(*Adulterations detected or plain instructions for the discovery of frauds in food and medicine.* 2판. 런던 1861)

하위트 Howitt, William. 『식민과 기독교. 모든 식민지에서 유럽사람들이 원주민을 대우한 역사』(*Colonisation and Christianity: A Popular History of the Treatment of the Natives by the Europeans in all their Colonies.* 런던 1838)

하이네 Heine, Heinrich. 『하인리히 시사시時事詩』(*Heinrich Zeitgedicht*)

―― 「시집 『로만체로』 후기」(Afterword to 'Romancero')

―― 『논쟁』(*Disputation*)

하이트 Heyd, Wilhelm. 『중세의 근동무역사』(*Geschichte des Levantehandels im Mittelalter.* 제2권. 슈투트가르트, 1879)

한센 Hanssen, Georg. 『쉴레스비히-홀슈타인의 농노제 폐지와 장원영주-농민 관계의 변혁』(*Die Aufhebung der Leibeigenschaft und die Umgestaltung der gutsherrlich-bäuerlichen Verlältnisse überhaupt in den Herzogthümern Schleswig und Holstein.* 상트페테르부르크 1861)

할러 Haller, Carl Ludwig von. 『국가학의 부흥』(*Restauration der Staatswissenschaft oder Theorie des natülich-geselligen Zustands; der Chimäre des künstlich-bürgerlichen entgegengesetzt.* 전4권. 빈터투어 1816-1820)

함 Hamm, Wilhelm. 『잉글랜드의 농업 도구와 기계』(*Die landwirtschaftlichen Geräthe und Maschinen Englands.* 2판. 브라운슈바이크 1856)

해리스 Harris, James. 『행복에 관한 대화』(*Dialogue concerning happiness.* 런던 1741. In: James Harris, *Three treatises.* 3판. 런던 1772)

—— 『초대 맘즈베리 백작 제임스 해리스의 일기와 편지』(*Diaries and correspondence of James Harris, First Earl of Malmesbury; containing an account of his missions to the courts of Madrid, Frederick the Great, Catherine the Second, and the Hague; and his special Missions to Berlin, Brunswick, and the French Republic. Ed. by his grandson, the Third Earl.* 전4권. 런던 1844)

해리슨 Harrison, William John. 『잉글랜드의 묘사』(*The Description of England.* In: *The first and second volumes of chronicles...*First collected and published by Raphael Holinshed, William Harrison, and others. 런던 1587)

해링턴 Harrington, James. 『오시아나연방』(*The Commonwealth of Oceana.* 런던 1656)

해밀턴 Hamilton, Robert. 『영국국채의 기원·발달·상환·현황-관리에 관한 연구』(*An Inquiry Concerning the Rise and Progress, the Redemption and Present State, and the Management, of the National Debt of Great Britain.* 2판. 에든버러 1814)

허바드 Hubbard, John Gellibrand. 『통화와 우리나라』(*The Currency and the*

*Country*. 런던 1843)

허튼 Hutton, Charles.『수학강의』(*A course of mathematics*, 전2권. 런던 1841~1843)

헉슬리 Huxley, Thomas Henry.『기초 생리학 강의』(*Lessons in elementary physiology*. 런던 1866)

헤겔 Hegel, Georg Wilhelm Friedrich.『대논리학』(*Wissenschaft der Logik*. 베를린 1833-1835)

—— 『철학체계』 제1부 『논리학』(*Encyclopädie der philosophischen Wissenschaften im Grundrisse*. 1. Th. *Die Logik*. 베를린 1840)

——『법철학』(*Grundlinien der Philosophie des Rechts, oder Naturrecht und Staatswissenschaft im Grundrisse*. 베를린 1840)

헤로 알렉산드리누스 Hero Alexandrinus.『공기장치와 수력장치에 관한 책』(*Buch von Lufft-und Wasser-Künsten, welche von Friedrich Commandino von Urbin von aus dem Griegischen in das Lateinische übersetzt...Und mit einem Anhang von allerhand Mühl-, Wasser- und Grotten-Wercken aus Salomon de Cous...*프랑크푸르트 1688)

호너 Horner, Leonard.『시니어에게 보내는 편지』(*A letter to Mr. Senior....* 런던 1837)

——『공장법 개정 제안』(*Suggestions for amending the factory acts to enable the inspectors to prevent illegal working, now becoming very prevalent*. In: *Factories Regulation Acts*. Ordered by the House of Commons, to be printed. 9 August 1859)

호라티우스 Flaccus, Quintus Horatius.『에포드 7』(*Epode VII*)

——『시학』(*Ars poetica*)

——『풍자시』(*Satirae*)

——『편지』(Epistles)

호머 Homer『일리어드』(*Iliad*)

——『오딧세이』(*Odyssey*)

호지스킨 Hodgskin, Thomas. 『자본의 요구에 대한 노동의 방어』(*Labour defended against the claims of capital; or, the unproductiveness of capital proved. By a Labourer.* 런던 1825)

—— 『대중경제학. 런던기계협회에서 한 네 개의 강의』(*Popular political economy. Four lectures delivered at the London Mechanics' Institution.* 런던 1827)

—— [익명] 『자연적 소유권과 인위적 소유권의 대비』(*The natural and artificial rights of property contrasted.* 런던 1832)

호턴 Houghton, John. 『개량된 농업과 공업』(*Husbandry and trade improved: being a collection of many valuable materials relating to corn, cattle, coals, hops, wool etc.* 전4권. 런던 1727-1728)

혼 Horne, George. 『법학박사 애덤 스미스에게 보내는 편지. 그의 친구 데이비드 흄의 삶 · 죽음 · 철학에 관해』(*A letter to Adam Smith, LL. D., on the life, death, and philosophy of his friend David Hume. By one of the people called christians.* 4판. 옥스퍼드 1784)

홀링세드 Holinshed, Raphael. 『잉글랜드, 스코틀랜드, 아일랜드의 연대기』(*Chronicles of England, Scotland, and Ireland.* 런던 1578)

홀즈워스 Holdsworth, W. A. 『지주와 차지인에 관한 법』(*The Law of Landlord and Tenant, with a Copious Collection of Useful Forms.* 런넌 1857)

홉스 Hobbes, Thomas. 『리바이어던』(*Leviathan; or the matter, form and power of a commonwealth, ecclesiastical and civil.* In: 몰즈워즈 엮음, 『저작집』. 제3권. 런던 1839)

홉킨스 Hopkins, Thomas. 『지대와 그것이 생활수단과 인구에 미치는 영향』(*On rent of land and its influence on subsistence and population: with observations on the operating causes of the condition of the labouring classes in various countries.* 런던 1828)

[『황무지 울타리 치기의 결과들과 현재 푸줏간 고기들의 높은 가격의 원인

들에 관한 정치적 고찰』](*A political enquiry into the consequences of enclosing waste lands, and the causes of the present high price of the butchers' meat.* 런던 1785)

휠만 Hüllmann, Karl Dietrich. 『중세의 도시제도』(*Städtewesen des Mittelalters.* 제1권. 본 1826; 제2권. 본 1827)

휴튼 Houghton, J. 『개선된 농업과 공업』(*Husbandry and Trade Improved,* 전4권. 런던 1727)

흄 Hume, David. 『이자에 관해』, In: 『논문집』(*Essays and treatises in several subjects.* 전2권. 제1권. 런던 1764)

## II. 정부와 의회가 발행한 공식 문서

『고한제도에 관한 상원 특별위원회 제1차 보고서』 (First report from the select committee of the House of Lords on the sweating system). 1888 년 8월 11일.

『곡류, 알곡 및 곡분. 1867년 2월 18일 하원 명령에 대한 보고』 (Corn, grain and meal. Return to an order of the Honourable the House of Commons, dated 18 February 1867).

『곡물과 곡물법에 관한 보고서』 (Reports respecting grain, and the corn laws). 1814.

『곡물법 관계의 청원에 대한 특별조사위원회의 보고』 (Report from the select committee on petitions relating to the corn laws of this Kingdom). 런던 1814; 런던 1858.

『공장. 1856년 4월 15일 하원 질문에 대한 보고』 (Factories. Return to an address of the Honourable the House of Commons, dated 15 April 1856). 1857.

『공장. 1861년 4월 24일 하원 질문에 대한 보고』. 1862.

『공장. 1867년 12월 5일 하원 질문에 대한 보고』. 1868.

『공장감독관 보고서』 (Reports of the inspectors of factories to Her Majesty's Principal Secretary of the State for the Home Department)

—— 1841년 12월 31일까지 반년 동안;

—— 1844년 9월 30일까지 3개월과 1844년 10월 1일부터 1845년 4월 30일 까지;

—— 1845~1866년에는 매년 '10월 31일까지 반년 동안'의 공장감독관 보고 서가 계속 참고문헌으로 나오고, 1848~1863년에는 매년 4월 30일까지 반년 동안의 공장감독관 보고서가 참고문헌으로 나온다.

『공장조사위원회. 칙명중앙위원회 제1차 보고서』 (Factories inquiry

commission. First report of the central board of His Majesty's commissioners). 1833.

『공중위생. 보고서』(Public Health. Reports)

—— 제3차 추밀원의무관 보고서 (Third Report of the medical officer of the Privy Council). 1860.

—— 제4차 보고서. 1861.

—— 제6차 보고서. 1863.

—— 제7차 보고서. 1864.

—— 제8차 보고서. 1865.

『광산과 탄광의 아동고용 조사위원회 제1차 보고서』(First report of the children's employment commissioners in mines and collieries). 1841년 4월 21일.

『광산특별위원회 보고서』(Report from the select committee on mines). 1866.

『국민의회 회의의사록』. 파리 1848.

『국세청 조사위원회. 제4차 보고』(Fourth report of the commissioners of Her Majesty's inland revenue on the inland revenue). 런던 1860.

—— 제10차 보고. 런던 1866.

『국제통계회의 제2차회의 보고서』. 파리 1856.

『노동조합과 기타 단체의 조직 · 규약을 조사하기 위해 임명된 위원회의 제10차 보고서』(Tenth report of the commissioners appointed to inquire into the organisation and rules of Trade Unions and other associations). 런던 1868.

「노동시간을 제한하고 10세 미만 아동의 공장노동을 금지하는 법」, 1851년 3월 18일 채택. 『뉴저지주 제75주의회 법령』(An act to limit the hours of labour, and to prevent the employment of children in factories under ten years of age. Approved March 18, 1851. In: Acts of the seventy-fifth legislature of the state of New Jersey). 트렌턴 1851.

『농업노동자(아일랜드). 1861년 3월 8일 하원 질문에 대한 보고서』 (Agricultural labourers (Ireland). Return to an order of the Honourable the House of Commons, dated 8 March 1861). 런던 1862.

『동인도(금덩이). 1864년 2월 8일 하원 질문에 대한 보고서』 (East India (bullion). Return to an address of the Honourable the House of Commons, dated 8 February 1864).

『동인도 (마드라스와 오리사의 기근). 1867년 7월 4일 하원 질문에 대한 보고서』 (East India (Madras and Orissa famine). Return to an address of the Honourable the House of Commons, dated 4 July 1867).

『동인도(벵골과 오리사의 기근)』 (East India (Bengal and Orissa famine)), 1867년 5월 31일.

『매사추세츠주의 일반법. 뒤에 개정법령집에 수록』, 제1집 (General laws of the Commonwealth of Massachusetts, passed subsequently to the revised statues. Vol. 1). 보스턴 1854.

『방적업자와 제조업자의 방위기금. 이 기금을 받아 분배하는 위원회의 보고서』 (The master spinners and manufacturers' defence fund. Report of the committee appointed for the receipt and apportionment of this fund, to the central association of master spinners and manufacturers).맨체스터 1854.

『빵제조 직인의 고충에 관해 내무부장관에게 보낸 보고』 (Report addressed to Her Majesty's Principal Secretary of State for Home Department, relative to the grievances complained of by the journeymen bakers). 런던 1862.

『빵제조 직인의 고충에 관해 내무부장관에게 보낸 제1차 보고』 (First report addressed to Her Majesty's Principal Secretary of State for Home Department, relative to the grievances complained of by the journeymen's bakers). 런던 1836.

『사회과학진흥국민협회. 제7회 연차대회 보고서』 (The national association

for the promotion of social science. Report of proceedings at the seventh annual congress, held in Edinburgh). 에든버러와 런던 1863.

『산업문제와 노동조합에 관한 영국 재외공관의 통신』(Correspondence with Her Majesty's mission abroad, regarding industrial questions and trade unions). 런던 1867.

『상업불황에 관한 비밀위원회 제1차 보고서』(First report from the secret committee on commercial distress. 하원의 명령에 의해). 1848년 6월 8일. [『상업불황, 1847~1848』로 약칭]

『상업불황에 관한 상원비밀위원회 보고서』(Reports from the secret committee of the House of Lords appointed to inquire into the causes of the distress which has for some time prevailed among the commercial classes, and how far it has been affected by the laws for regulating the issue of bank notes payable on demand. 증언기록과 부속서류. 하원의 명령에 의해). 1848년 7월 28일. [1857년 다시 인쇄. 『상업불황, 1848~1857』로 약칭]

『세인트 마틴스-인-더-필즈 보건담당관 보고서』(Report of the officer of health of St. Martin's-in-the fields). 1865.

『식품의 불순제조에 관한 특별위원회 제1차 보고서』(First report from the select committee on adulteration of food, etc.). 1855년 7월 27일.

『아동노동조사위원회. 보고서』(Children's employment commission. reports)

── 제1차 보고서(1863년)에서 제6차 보고서(1867년)까지.

『아일랜드. 농업통계 개요』(Agricultural statistics, Ireland, General abstracts showing the acreage under the several crops, and the number of live stocks, in each county and province, for the year 1860. Also, the emigration from Irish ports from 1st January to 1st September, 1860). 더블린 1860.

── 1861~1865년판, 1872년판.

『아일랜드. 농업통계표』(Agricultural statistics, Ireland. Tables showing the estimated acreage produce of the crops for the year 1865; and the emigration from Irish ports from 1st January to 31st December, 1865; also the number of mills for scutching flax in each county and province). 더블린 1866.

—— 1867년판.

『아일랜드 농업노동자의 임금에 관한 구빈법 감독관의 보고』(Reports from poor law inspectors on the wages of agricultural labourers in Ireland). 더블린 1870.

『에센, 베르덴 및 케트비히 상업회의소 연보 1862』(Jahresbericht der Handelskammer für Essen, Werden und Kettwig pro 1862). 에센 1863.

『영국의 모든 광산(빅토리아여왕 제23년과 제24년의 법률 151호의 규정이 적용되지 않는 것)의 상태를 조사하는 위원회의 보고. 해당 광산에 고용된 사람들의 건강과 안전에 관하여』(Report of the commissioners appointed to inquire into the condition of all      mines in Great Britain to which the provisions of the act 23 & 24 Vict. cap. 151 do not apply. With reference to the health and safety of persons employed in such mines). 런던 1864.

『영국의 통계 개요. 1846~1860년의 각 연도』, 제8호 (Statistical abstracts for the United Kingdom in each of the last fifteen years, from 1846 to 1860. No. 8). 런던 1861.

——『1851~1865년의 각 연도』. 제13호. 런던 1866.

『영국의 기타 통계(제6부)』(Miscellaneous statistics of the United Kingdom (part VI)), 런던 1866.

『영국 공장의 아동노동 규제 법안에 관한 위원회의 보고서』(Report from the committee on the 'Bill to regulate the labour of children in the mills and factories of the United Kingdom'), 1832년 8월 8일.

『유배와 징역에 관한 법률(빅토리아여왕 제16년, 제17년의 법률 제99호와

빅토리아여왕 제20년, 제21년의 법률 제3호)의 시행조사위원회의 보고
　서』(Report of the commissioners appointed to inquire into the
　operation of the acts(16 & 17 Vict. c. 99 and 20 & 21 Vict. c. 3)
　relating to transportation and penal servitude), 런던 1863.

『은행법특별위원회 보고서』(Report from the select committee on bank acts.
　의사일정, 증언기록, 부속서류, 색인. 하원의 명령에 의해). 1857년 7월
　30일. [『은행법, 1857』로 약칭 ]

『은행법특별위원회 보고서』(Report from the select committee on bank acts.
　의사일정, 증언기록, 부속서류, 색인. 하원의 명령에 의해). 1858년 7월
　1일. [『은행법, 1858』로 약칭 ]

『잉글랜드와 웨일스의 1861년도 인구조사』(Census of England and Wales
　for the year 1861). 런던 1863.

『잉글랜드의 출생 · 사망 · 혼인에 관한 호적장관의 제22차 연차보고서』
　(Twenty-second annual report of the registrar-general of births, deaths,
　and marriages in England). 런던 1861.

『작업장 규제법』(Factories regulation acts). 1859년 8월 9일.

『작업장에 고용되는 아동 · 소년 · 부인의 노동시간규제법. 1867년 8월 21일
　현재』(An act for regulating the hours of labours for children, young
　persons, and women employed in workshops, 21 August 1867).런던
　1867.

『주재외국의 상공업 따위에 관한 영국공관 서기관 보고서』(Reports by Her
　Majesty's secretaries of embassy and legation, on the manufactures,
　commerce etc., of the countries in which they reside), 제6호. 런던
　1863.

—— 제8호. 런던 1865.

—— 제3부. 런던 1879.

『중국 · 중국인 · 그들의 종교 · 제도 · 사회사정에 관한 북경주재 러시아공사
　관의 연구』(Arbeiten der Kaiserlich Russischen Gesandtschaft zu

Peking über China, sein Volk, seine Religion, seine Institution, socialen Verhältnisse, etc). 1852~1857년에 러시아어로 발표된 것을 독일어로 번역. 제1권, 베를린 1858.

『칙명 철도위원회. 위원회 보고서』(Royal commission on railway. Report of the commissioners). 런던 1867.

『탄광사고. 1861년 5월 3일 하원 질문에 대한 조사보고의 요약』(Coal mine accidents. Abstracts of return to an address of the Honourable the House of Commons). 1862년 2월 6일.

케임브리지대학위원회, 『케임브리지 대학교와 칼리지들의 상태 · 학업 · 연구 · 수입에 관한 조사위원의 보고』(Cambridge University Commission, Report of Her Majesty's commissioners appointed to inquire into the state, discipline, studies, and revenues of the university and colleges of Cambridge). 런던 1852.

『합중국헌법과 주헌법을 앞에 붙인, 로드아일랜드주와 프로비던스식민지 개정법령』(The revised statues of the state of Rhode Island and Providence plantations: to which are prefixed, the constitutions of the United States and the state). 프로비던스 1857.

『핸서드 국회토론. 제3집 (윌리엄 4세 즉위 이래)』, 제66권(1843년 2월 2일에서 2월 27일까지) (Hansard's Parliamentary Debates: 3rd series, commencing with the accession of William IV. Vol. 66. Comprising the period from the second day of February, to the twenty-seventh day of February, 1843). 런던 1843.

—— 제170권(1863년 3월 27일에서 5월 28일까지). 런던 1863.

—— 제174권(1864년 3월 15일에서 5월 3일까지). 런던 1864.

Ⅲ. 신문과 잡지

[B]

*The Bengal Hurkaru* (Calcutta). 1861년 7월 22일 호.

*Bury Guardian* (Manchester). 1860년 5월 12일 호.


[C]

*Concordia*. Zeitschrift für die Arbeiterfrage (Berlin). 1872년 7월 3일 호;
　　1872년 7월 4일 호; 1872년 7월 11일 호.


[D]

*The Daily Telegraph* (London). 1860년 1월 17일 호.

*Democratisches Wochenblatt*. Organ des deutschen Volkspartei (Leipzig).
　　1868년 8월 1일 호; 1868년 8월 22일 호; 1868년 8월 29일 호; 1868년
　　9월 5일 호.

*Deutsch-Französische Jahrbücher* (Paris). (『독불연보』 Arnold Ruge와 Karl
　　Marx가 편집) 제1-2분책. 1844.


[E]

*The Economist*. Weekly Commercial Times, Banker's Gazette, and Railway
　　Monitor: a political, literary, and general newspaper (London). 1845년
　　3월 29일 호; 1848년 4월 15일 호; 1851년 7월 19일 호; 1860년 1월
　　21일 호; 1866년 6월 2일 호.

*The Evening Standard* (London). 1886년 11월 1일 호.

*The Edinburgh Review*

**[G]**

*The Glasgow Daily Mail* 1849년 4월 25일 호.

**[J]**

*The Journal of the Society of Arts and of the institutions in Union* (London).
1859년 2월 9일 호; 1860년 4월 17일 호; 1866년 3월 23일 호; 1872년
1월 5일 호.

*Jahrbücher für Nationalökonomie und Statistik.*

*Journal des Économistes* (Paris). 1872년 7/8월 호.

**[M]**

*The Manchester Guardian.* 1875년 1월 15일 호.

*The Money Market Review.* 1867년 12월 2일 호; 1868년 1월 25일 호.

*The Morning Advertiser* (London). 1863년 4월 17일 호.

*The Morning Chronicle* (London). 1844년, 1845년.

*The Morning Star* (London). 1863년 4월 17일 호; 1863년 6월 23일 호; 1867
년 1월 7일 호.

*Macmillan's Magazine.* Ed. by David Masson (London and Cambridge).
1863년 8월 호.

**[N]**

*Neue Rheinische Zeitung.* Organ der Demokratie (Köln). 1849년 4월 7일 호.

*Neue Rheinische Zeitung. Politisch-ökonomische Revue* (London, Hamburg
und New York). (『신라인신문. 정치경제평론』) 제4호. 1850.

*New-York Daily Tribune* 1853년 2월 9일 호.

[O]

*The Observer* (London). 1864년 4월 24일 호.


[P]

*The Portfolio. Diplomatic Review.* New Series (London).

*La Philosophie Positive.* Revue dirigée par É. Littré & G. Wyrouboff (Paris). (『실증주의 철학』. 리트레와 위루보프가 편집한 평론지) 제3호. 1868년 11/12월 호.


[R]

*Révolution de Paris.* 『레보뤼션 드 파리』 1791년 6월 11-18일 호.

*Reynolds's Newspaper.* A weekly Journal of Politics, Literature, and General Intelligence (London). 1866년 1월 21일 호; 1866년 2월 4일 호; 1867년 1월 20일 호.


[S]

*The Saturday Review of Politics, Literature, Science, and Art* (London). 1868년 1월 18일 호.

*The Standard* (London). 1861년 10월 26일 호; 1863년 8월 15일 호; 1867년 4월 5일 호.

*The Spectator* (London). 1866년 5월 26일 호.

*The Social Science Review* (London). 1863년 7월 18일 호.

*The Sankt-Peterburgskije Wedomosti.* 1872년 4월 8일(20일) 호.


[T]

*The Times* (London). 1843년 2월 14일 호; 1861년 11월 5일 호; 1862년 11월 26일 호; 1863년 4월 17일 호; 1863년 7월 2일 호; 1867년 1월 26일

호; 1873년 9월 3일 호; 1883년 11월 29일 호.

*To-Day* (London). 1884년 2월 호; 1884년 3월 호.


[V]

*Der Volkstaat.* Organ der social-demokratischen Arbeiterpartei und der Internationalen Gewerksgenossenschaften (Leipzig). 1872년 6월 1일 호; 1872년 8월 7일 호.


[W]

*Westnik Jewropy* (『베스트니크 예브로피』. 역사 · 정치 · 문학 잡지. 상트페테르부르크) 제3권. 1872.

*The Westminster Review* (London).

*The Workman's Advocate* (London). 1866년 1월 13일 호.

# 4. 찾 아 보 기

[ 1~9 ]

10시간 노동법 … I 411

1492년 이래의 지리상 · 상업상의 대
발견 … Ⅲ1142

16세기와 17세기에 지리상의 발견들
과 함께 상업에서 일어난 대혁명
… Ⅲ419

16세기 이래 귀금속의 공급 증가 …
Ⅱ424

1813년에 임금규제에 관한 법령들이
폐지되었다. … I 1014

1844년의 은행법: … Ⅲ712

　1844년과 1845년의 필의 은행입
법의 기본원칙 … Ⅲ703

　＿과 이것이 부과한 제한들 …
Ⅲ523

　＿의 아버지인 은행업자 사뮤엘
존스 로이드(별명 로드 오브스톤)
… Ⅲ724

1846~1847년은 영국경제사에서 하나
의 획기적인 시기 … I 384

1848년 혁명의 실패는 지배계급의 모
든 분파들을 통합시키다 … I 387

1849~1859년에 영국에서 농업임금이
상승한 이유 … Ⅲ807

1851년의 산업박람회 … I 363

1878년의 공장 · 작업장법 … I 680

1노동시간의 가격(또는 1시간의 노동
가격) … I 739

1노동일에 창조되는 가치가 증가한다
면, 이 가치가 나누어지는 두 부분
[즉 노동력의 가격과 잉여가치]은
동시에 [균등하게 또는 불균등하
게] 증가할 수 있다 … I 709

1회전시간의 잉여가치율 … Ⅱ365

[ A~Z ]

advance … I 287

C=c+v … I 282

C′=(c+v)+s … I 283

monied capital … Ⅲ572

[ ㄱ ]

가격과 가치량 사이의 양적 불일치의
   가능성 … I 133
가격의 도량표준 … I 127
가격형태 … I 91
가공자본 … Ⅲ 598
가르니에 … I 493
가변자본 … I 279
   ____은 일정량의 노동력, 일정한
   수의 노동자, 또는 운동하는 일정
   량의 살아있는 노동의 지표 … Ⅲ
   181
   ____의 본질적 정의 … Ⅱ 269
가사노동의 지출 감소 … I 534
가장 가치없고 비열한 화폐자본가 …
   Ⅲ 128
가장 서투른 건축가를 가장 훌륭한 꿀
   벌과 구별하는 점 … I 238
가정학 … I 198
가축은 거의 일반적으로 승인된 최초
   의 화폐상품 … Ⅲ 1137
가치: … I 47
   ____량과 그 상대적 표현 사이의
   불일치 … I 70
   ____는 오직 상품과 상품 사이의
   사회적 관계에서만 나타날 수 있다
   … I 59
   모든 상품은 인간노동이라는 동일
   한 사회적 실체의 표현일 경우에만
   ____로서 객관적 성격을 가지게 된
   다 … I 59
   ____로서 상품의 객관적 성격은
   순수히 사회적인 것 … I 59
   ____ 자체가 무차별적 인간노동의
   응고물로 나타난다 … I 80
   한 상품의 ____는 다른 상품의 사
   용가치로 표현된다. … I 65
가치가격 … Ⅲ 216
'가치를 형성하는 실체'인 노동의 양
   … I 48
가치법칙 … Ⅲ 15
   ____은 오직 내적법칙으로서 또는
   개개의 당사자에 대해서는 맹목적
   인 자연법칙으로서 작용할 뿐 …
   Ⅲ 1115
가치와 잉여가치는 성부와 성자에 비
   유된다 … I 202
가치의 독립성 · 자립화 … Ⅱ 126
가치의 실체 … Ⅱ 480
가치의 실체를 이루는 노동은 동등한
   인간노동이며, 동일한 인간노동력
   의 지출이다 … I 48
가치의 이전과 창조 … I 277
'가치의 창조'는 노동력이 노동으로

전환하는 것 … I 286

가치의 크기 … I 48

가치의 화폐형태상의 변화 … I 207

가치형성과정: … I 249

　　＿＿은 생산수단의 가치가 생산물의 가치로 '이전'되는 과정과 노동력이 새로운 가치를 '창조'하는 과정을 모두 포괄하고 있다. … I 260

가치형태:

　　20미터 아마포=1개 저고리라는 단순한 ＿＿에서 저고리는 가치가 표현되는 물건, 즉 가치를 손으로 만져 느낄 수 있는 현물형태로 표현하는 물건이다. … I 65

　　단순한, 개별적 또는 우연적 ＿＿ … I 60

　　모든 ＿＿의 비밀은 단순한 가치형태 속에 숨어 있다 … I 60

　　아마포는 자기의 현물형태와는 다른 ＿＿를 얻는다. 아마포의 가치로서의 존재는 아마포와 저고리의 동등성으로 나타난다 … I 66

감독과 관리노동 … III 489

감독임금 … III 488

강도가 더 높은 국민노동은 강도가 더 낮은 국민노동에 비해 같은 시간에 더 큰 가치를 생산 … I 762

강성윤 … I, II, III xi

개신교 … I 373

개인적 소비: … I 779

　　노동자들의 ＿＿ … I 782

개인적 소비와 생산적 소비 … II 111

객체적 노동조건과 주체적 노동력 사이의 분리 … I 777

거주지와 구빈세의 부과에 관한 구빈법의 규정 … I 932

거지면허 … I 1006

건물의 절약 … III 106

검댕 … I 334

견직물 공장주들은 아동에 대한 특권을 얻다 … I 398

결의법 … I 406

결합된 노동일의 특수한 생산력 … I 448

결합된 자본가 … II 287

경쟁: … III 223, 258

　　자본가들 사이의 ＿＿ 때문에 매우 낮은 상품 판매가격이 형성되고, 이 낮은 가격은 노동자의 노동시간을 연장하고 임금을 인하하는 구실이 된다 … I 746

　　＿＿과 이윤율 저하 … III 315

　　＿＿은 반목하는 형제들 사이의 투쟁 … III 316

　　＿＿은 자본가계급의 우애의 실천 … III 316

____의 자유 … Ⅲ565

____의 현실적 운동은 우리의 계획 밖에 있다 … Ⅲ1054

경제외적 강제:

　명목적인 토지소유자를 위한 잉여노동은 ____에 의해서만 강탈될 수 있다 … Ⅲ1002

경제적 범주의 인격화 … Ⅰ6

경제적 사회구성체 … Ⅰ6

경제적 세포형태 … Ⅰ4

경제적 시대를 구별하는 것은 무엇이 생산되는가가 아니고 어떻게, 어떤 노동수단으로 생산되는가이다 … Ⅰ240

경제적 형태의 분석 … Ⅰ4

경제학의 역사가들, 출세주의자들의 특징인 편파적 지식만을 가지고 있다 … Ⅰ25

경화 … Ⅰ179

계급:

　근대사회의 3대 ____ … Ⅲ1120

　근대사회의 구조를 이루는 세 ____—임금노동자 · 산업자본가 · 토지소유자 … Ⅲ795

　무엇이 임금노동자 · 자본가 · 토지소유자를 세 개의 큰 사회적 ____으로 만드는가? … Ⅲ1121

계급투쟁:

고대세계의 ____ … Ⅰ176

　자본과 노동 사이의 ____은 뒷전으로 밀려나 있었다 … Ⅰ12

계약에 명시된 차지기간이 경과하자마자, 토지에 합쳐진 개량들은 토지소유자의 소유 … Ⅲ796

고급 노동과 단순 노동, '숙련노동'과 '미숙련노동'의 구분 … Ⅰ264

고리대 … Ⅲ764

　____가 취하는 특징적인 존재형태 … Ⅲ762

　____는 생산방식을 변경시키지 않고 기생충처럼 그것에 붙어 그것을 빈곤하게 만든다 … Ⅲ765

　____와 조세는 항상 소규모 토지소유를 빈곤하게 만든다 … Ⅲ1022

고리대금업자 … Ⅰ256, 808

고리대자본: … Ⅰ216

　____과 상인자본 … Ⅰ1027

고전파 경제학:

　____과 생산자본의 순환 … Ⅱ101, 109

　____과 속류경제학 … Ⅰ105

　____의 근본적 결함의 하나 … Ⅰ105

고정자본: … Ⅱ192

　일하는 소는 ____이다 … Ⅱ193

고정자본과 유동자본으로 분할될 수 있는 것은 생산자본뿐이다 … Ⅱ 201

고정자본과 유동자본의 불비례적 생산 … Ⅱ 590

고정자본의 마멸 … Ⅱ 204~206

고정자본의 마멸분 … Ⅱ 565

고정자본의 수리와 유지에 필요한 추가자본 … Ⅱ 393

고한제도 … Ⅰ 753

곡물관세의 철폐 … Ⅲ 131

곡물관세의 폐지 … Ⅲ 413

곡물법: … Ⅰ 12

　1815년의 ＿＿ … Ⅲ 804

　1846년 ＿＿ 폐지와 함께 아일랜드는 경작지를 목장으로 전환시키면서 농업노동자를 산업예비군으로 만들었다. … Ⅰ 972

　＿＿의 철폐 … Ⅰ 613

　＿＿의 폐지는 영국 농업에 엄청난 충격 … Ⅰ 923

　＿＿의 폐지를 위한 투쟁 … Ⅰ 381

　＿＿ 폐지 뒤 더욱 집약적인 재배가 등장

　＿＿ 폐지를 둘러싼 토지귀족과 공업자본가 사이의 싸움은 노동자의 상태를 크게 폭로했다 … Ⅰ 922

공공신용제도 즉 국채제도 … Ⅰ 1033

공권력의 집중과 사적 이익의 분열 … Ⅰ 489

공동체적 소유 … Ⅰ 316

공리주의 … Ⅰ 832

공물과 진정한 지대는 공통성을 가진다 … Ⅲ 803

공산주의: … Ⅱ 388

　＿＿ 사회에서는 기계가 부르주아 사회에서와는 전혀 다른 사용범위를 가질 것이다 … Ⅰ 531

공산주의자 … Ⅲ 811

공산주의적으로 조직된 자연발생적 공동체 … Ⅲ 1134

공유지 엔클로저법 … Ⅰ 993

공유지에 대한 폭력적 약탈 … Ⅰ 992

공장감독관:

　내무장관 직속의 ＿＿ … Ⅰ 319

공장 규율집 … Ⅰ 573

공장노동자들의 대대적인 이민 … Ⅰ 619

공장법:

　1833년, 1844년, 1847년의 ＿＿들 … Ⅰ 388

　1833년의 ＿＿이 표준노동일을 최초로 제정 … Ⅰ 377

　1845년의 날염＿＿ … Ⅰ 401

　1847년 6월 8일의 신＿＿ … Ⅰ

384

　1850년 8월 5일의 새로운 추가적
　＿＿＿ … I 397

　1850년의 ＿＿＿은 하루 평균 10시
간의 노동을 규정 … I 319

　현재의 영국 ＿＿＿과 14~18세기
중엽에 이르기까지의 영국 노동법
규들 … I 366

　＿＿＿은 생산과정의 자연발생적 발
전형태에 대한 사회 최초의 의식적
이고 계획적인 반작용 … I 647

　＿＿＿을 일반화할 필요성 … I 660

　＿＿＿의 교육조항 … I 650

　＿＿＿의 보건조항 … I 648

　＿＿＿의 이른바 교육조항 … I 540

　＿＿＿의 일반화 … I 679

　＿＿＿ 확장조례 … I 663

공장제도의 열광적 변호인들이 사회
　적 노동의 일반적 조직화를 반대
　… I 484

공장주는 절대적 입법자 … I 574

공장주들과 상인들의 투기욕 … III
　521

공장주와 구빈원 사이의 아동거래 …
　I 363

‘공칭’마력, ‘상업’마력, ‘지시’마력,
　‘현실적’마력 … I 525

공황: … I 179, II 90, 205, 224, 392,

III 459, 620, 737

　산업활동의 주기적 순환의 봉우리
　… I 20

　1825년의 ＿＿＿ … I 12, III 643

　1857~1858년의 ＿＿＿기 … I 322

　1861년부터 1865년까지의 격심한
면화＿＿＿기 … I 322

　＿＿＿과 사치품 소비 … II 513

　＿＿＿기에는 신용제도가 갑자기 화
폐제도로 전환 … III 689

　＿＿＿시에는 대부자본에 대한 수요
그리고 또 이자율은 최고수준에 도
달 … III 658

　＿＿＿에 의한 사회적 생산과정의
중단과 교란 … II 283

　＿＿＿은 노동자의 임금수준이 낮기
때문인가 … II 513~514

　＿＿＿은 항상 기존 모순들의 일시
적 폭력적 해결 … III 311

　＿＿＿의 가능성 … I 148, II 626

　＿＿＿의 영향은 지불차액과 무역차
액 사이의 차이를 단기간으로 압축
시킨다 … III 664

　＿＿＿이 먼저 폭발하는 곳 … III
384

과거노동에 대한 보수 … I 830

과거의 노동 … I 251

과도노동: … I 359

_____의 파괴적 결과 … Ⅰ741

과로에서 발생한 질병 … Ⅲ5

과잉거래 · 과잉생산 · 과잉신용 … Ⅲ
651

과잉노동인구 … Ⅰ551

과잉생산 … Ⅱ590

과잉생산이라는 유행병에 대한 특효
약 … Ⅰ256

과잉인구: … Ⅰ363

‘_____’를 자본주의적 생산의 단순
한 역사적 법칙들에 의해 설명하지
않고 자연의 영원한 법칙에 의해
설명하는 것은, 지배계급의 이해관
계에도 훨씬 더 적합했다 … Ⅰ715

과잉자본은 과잉인구를 창조 … Ⅲ
272

과정 중의 가치 … Ⅰ202

과학의 임무 … Ⅲ394

과학적 공정성과 진리에 대한 사랑
… Ⅰ592

과학적인 부르주아 경제학 … Ⅰ12

관개사업 … Ⅰ695

관방학 … Ⅰ11

교대제 … Ⅰ346

24시간제 생산과정 … Ⅰ346

교양 있는 사람 … Ⅰ494

교육 · 전통 · 관습에 의해 자본주의적
생산양식의 요구들을 자명한 자연

법칙으로 인정하는 노동자계급 …
Ⅰ1010

교통 · 통신업 … Ⅱ63

교환 당사자들은 사용가치에서는 이
익을 보지만, 교환가치에서는 이익
을 보지 못한다. … Ⅰ206

교환가치: … Ⅰ45

_____에는 사용가치가 조금도 포함
되어 있지 않다 … Ⅰ46

교회 십일조의 일부에 대한 가난한 농
민들의 소유권 … Ⅰ988

구빈법: … Ⅰ881, 921, 972

교구는 노동자들이 겨우 연명하는
데 필요한 명목액수가 되도록 구호
금의 형태로 명목임금을 보충해 주
었다 … Ⅰ921

_____의 적용을 받는 극빈자 · 부랑
자 · 범죄자 … Ⅰ602

구빈세 … Ⅰ988

구빈원: … Ⅰ891

이상적 _____ … Ⅰ374

_____의 노예상태에 대한 노동자들
의 공포심 … Ⅰ891

구체적 유용노동:

_____은 인간노동 일반의 특수한
실현형태 또는 현상형태 … Ⅰ81

구호 빈민:

_____은 자본주의적 생산의 공비의

일부를 이룬다 ⋯ I 877

____의 발생 원인 ⋯ I 946

국가권력의 물질적 토대의 하나는 물 공급의 규제 ⋯ I 695

국가는 아시아에서는 최고의 영주이 며, 주권은 전국적 규모로 집중된 토지소유에 있다. ⋯ Ⅲ 1002

국내시장 ⋯ I 1024

국립은행들의 태환정지 ⋯ Ⅲ 663

국민의 부 ⋯ I 985

국민이 빼앗기에 가장 만족스러운 형 태 ⋯ Ⅲ 566

국민적 의무라고 부를 수 있는 의무, 즉 자금이 부족해서 자기 힘으로 집을 살 수는 없으나 정기적으로 집세는 지불할 수 있는 사람들에게 집을 제공해야 하는 의무 ⋯ I 900

국부:

____는 원래 그 본질상 인민의 빈 곤과 동일 ⋯ I 1058

국외이주: ⋯ Ⅲ 168

노동자들의 ____ ⋯ I 783

의회는 ____를 단념시키기 위해 한 푼의 지출도 의결하지 않았지 만, 3년 뒤 가축병이 발생했을 때는 백만장자들인 지주의 손실을 보상 하기 위해 즉시 거액의 지출을 가 결했다. ⋯ I 787

국제노동자협회 총회 ⋯ I 410

국제신용제도 ⋯ I 1035

국제 카르텔 ⋯ Ⅲ 565

국채:

____는 주식회사, 온갖 종류의 유 가증권거래 · 투기업, 한마디로 말 해 증권투기와 근대적 은행지배를 발생시켰다 ⋯ I 1034

____나 주식의 거품이 터지더라도 국민은 조금도 더 가난해지지 않는 다. ⋯ Ⅲ 602

굶주림은 근면과 노동에 대한 평화적 이고 조용하며 끊임없는 압력일 뿐 아니라 가장 자연적인 동기를 주어 최대의 노력을 불러일으킨다 ⋯ I 881

근대경제에 관한 진정한 과학 ⋯ Ⅲ 425

근대산업의 특징적인 진행과정, 즉 평 균수준의 호황 · 활황 · 공황 · 침체 로 이루어지는 10년을 1주기로 하 는 순환은 산업예비군 또는 과잉인 구의 끊임없는 형성, 다소간의 흡 수와 재형성에 의존하고 있다 ⋯ I 862

근대적 '가내공업'은 공장, 매뉴팩처, 선대상인의 외부 부서 ⋯ I 622

근대적 제지공장 ⋯ I 516

근대적 조세제도 ··· Ⅰ 1036

근로자들이 기계의 도입에서 얻는 이
　익 ··· Ⅰ 583

금:

　＿＿은 가치의 일반적 척도 ··· Ⅰ
　122

　설명을 간단하게 하기 위해 ＿＿
　을 화폐상품이라고 전제한다. ··· Ⅰ
　122

금량의 감소는 단순히 이자율을 상승
　시키며 금량의 증대는 이자율을 저
　하시킬 뿐이다. ··· Ⅲ 709

금량의 변동은 국내의 유통화폐량을
　증감시키기 때문에 필연적으로 상
　품가격을 등락시킨다는 것은 거짓
　말이다. ··· Ⅲ 708

금리생활자계급 ··· Ⅲ 460

금세공업자 ··· Ⅲ 772

금유출:

　현실의 공황은 ＿＿이 중단된 이
　후 터졌다 ··· Ⅲ 730

　＿＿은 '단순히 자본의 문제'가
　아니라 '화폐의 문제' ··· Ⅲ 584

금융트러스트 ··· Ⅲ 604

기계:

　완전히 발달한 ＿＿는 동력기, 전
　동장치, 도구 또는 작업기로 이루
　어진다. ··· Ⅰ 505

잉여가치의 생산을 위한 ＿＿의 사
　용에는 내재적 모순이 있다 ··· Ⅰ
　550

진정한 ＿＿체계 ··· Ⅰ 514

　＿＿ 그 자체와 ＿＿의 자본주의
　적 사용 ··· Ⅰ 597

　＿＿가 사용하는 두 종류의 노동
　자 ··· Ⅰ 653

　＿＿는 가장의 노동력 가치를 저
　하 ··· Ⅰ 534

　＿＿는 노동과정에는 언제나 전체
　로 참가하지만 가치증식과정에는
　언제나 일부씩만 참가한다 ··· Ⅰ
　523

　＿＿는 노동자의 수를 증가시킨다
　··· Ⅰ 534

　＿＿는 마멸에 의해 평균적으로
　상실하는 가치 이상으로는 결코 생
　산물에 가치를 첨가하지 않는다 ···
　Ⅰ 523

　＿＿는 매뉴팩처 시기 전체를 통
　해 성인 남성노동자가 자본의 독재
　에 대항했던 반항을 드디어 타파한
　다 ··· Ⅰ 544

　＿＿는 오직 결합노동 또는 공동
　노동에 의해서만 기능을 수행한다
　··· Ⅰ 522

　＿＿는 잉여가치를 생산하기 위한

수단 … I 503

____는 파업을 진압하기 위한 가장 유력한 무기 … I 588

____발전의 전체 역사는 제분기의 역사에서 찾아볼 수 있다. … I 474

____속도의 증가 … I 576

____에 대한 노동자의 법률적 청구권 … II 209

____에 의거한 수공업의 부흥 … I 620

____에 의한 기계의 생산 … I 520

____의 나라인 영국에서 인력을 낭비하다 … I 532

____의 물리적 마멸 … I 546

____의 발명 … I 474

____의 생산력은 기계가 대체하는 인간 노동력의 크기에 의해 측정된다 … I 528

____의 생산에 드는 노동과 그 기계의 사용으로 절약되는 노동 … I 528

____의 생애 초기에는 노동일을 연장하려는 이 특수한 동기가 가장 강하게 작용한다 … I 547

____의 수리작업 … II 211

____의 자본주의적 사용의 결과 … I 603

____의 최고운전속도 … I 559

____의 출발점으로 되는 것은 노동이 아니라 노동수단이다 … I 513

____의 출현 … I 465

기계제 대공업은 오직 원료의 이용가능성과 판매시장의 규모만이 이 확대능력의 한계를 설정한다 … I 609

기계제 생산은 타국의 수공업적 생산을 파멸시켜 타국을 원료생산지로 만든다 … I 609

기계제 생산의 원리 … I 621

기계제작 매뉴팩처 안의 분업 … I 517

기독교적 식민제도 … I 1029

기술학 … I 505

기업가이득 … III 475

기와·벽돌 공장 … I 624

기존자본의 가치감소 … III 294

기존자본의 주기적인 가치감소 … III 312

길드의 규칙 … I 487

김휘인 … I, II, III xi

끊임없이 반복되는 노동력 매매의 진실 … I 796

끊임없는 불균등의 끊임없는 균등화 … III 242

[ ㄴ ]

낙면에 의한 손실 … Ⅲ134

네덜란드 동인도회사의 활동 … Ⅲ
415

네즈미스 … Ⅰ521

노동:

　　＿＿은 그 소재적 요소인 노동대
상과 노동수단을 소비 … Ⅰ245

　　＿＿은 물적 부의 아버지이고, 토
지는 그 어머니이다. … Ⅰ54

　　＿＿의 공급은 노동자의 공급과는
관계가 없다. … Ⅰ415

　　＿＿ 자체의 이중적 성격 … Ⅱ
469

노동강도:

　　＿＿가 모든 산업부문에서 동시에
또 같은 정도로 높아지면, 이 높아
진 새로운 강도가 사회적 표준강도
로 될 것이며 따라서 더욱 큰 가치
를 창조하지는 않을 것이다 … Ⅰ
710

　　＿＿가 증가한 경우에는 개개의
생산물에는 여전히 이전과 같은 양
의 노동이 들기 때문에 가치는 그
대로 불변이다. 그러므로 생산물의
수량은 개별 생산물의 가격 하락을

수반하지 않고서 증가한다 … Ⅰ
709

　　＿＿의 강화는 기계속도의 증가와
노동자 1인당 감독 또는 운전하는
기계수의 증가에 의해 달성된다 …
Ⅰ557

　　＿＿의 증대는 주어진 시간 안에
노동력의 지출이 증가하는 것을 의
미한다 … Ⅰ708

노동계약의 최대 기간 … Ⅰ222

노동과 소유의 동일성 … Ⅰ796

노동과정:

　　＿＿과 가치증식과정의 차이 …
Ⅰ422

　　＿＿에서 사용되지 않는 기계는
무용지물이다. … Ⅰ244

　　＿＿에서는 인간의 활동이 노동수
단을 통해 노동대상에 처음부터 의
도하고 있던 변화를 일으킨다 … Ⅰ
241

　　＿＿의 기본 요소들은 인간의 합
목적적 활동 [노동 그 자체], 노동
대상, 노동수단이다. … Ⅰ238

노동기간 … Ⅱ283

노동기간과 생산시간 … Ⅱ293

노동기금: … Ⅰ774, 833, Ⅱ262

　　부역노동이 임금노동의 형태로 변
하는 바로 그 순간부터, 농민 자신

에 의해 여전히 생산되며 재생산되
는 ＿＿은 영주가 임금의 형태로
농민에게 지급하는 자본의 형태를
취하게 된다 … I 775
노동능력 또는 노동력 … I 221
노동능력은 … 판매되지 않으면 아무
것도 아니다 … I 229
노동대상은 토지, 원료 등 … I 239
노동력: … Ⅲ34
＿＿ 가치의 최소 한계 … I 228
＿＿ 가치의 크기 변동을 규정하
는 모든 요소들 … I 761
＿＿과 노동 … I 730
＿＿에 관한 상품교환의 법칙 …
I 311
＿＿에 포함되어 있는 과거 노동
과, ＿＿이 제공할 수 있는 살아
있는 노동은, 그 크기가 전혀 다른
두 개의 양이다. 전자는 ＿＿의 교
환가치를 규정하며, 후자는 ＿＿
의 사용가치를 형성한다 … I 258
＿＿을 자본의 소유물로 보는 견
해 … I 783
＿＿의 가치 … I 225, 534
＿＿의 가치는 감소하는데, 잉여
가치는 증가한다. … I 705
＿＿의 가치와 노동과정에서 노동
력이 창조하는 가치 … I 258

＿＿의 가치 하락의 정도는 한편
에서 자본의 압력, 다른 한편에서
노동자들의 반항이라는 상대적 힘
에 의존한다. … I 706
＿＿의 독특한 사용가치 … I 258
＿＿의 매매가 진행되는 유통분야
또는 상품교환분야는 사실상 천부
인권의 참다운 낙원이다. 여기를
지배하고 있는 것은 오로지 자유 ·
평등 · 소유 · 벤담이다 … I 232
＿＿의 발휘인 노동 … I 225
＿＿의 사용가치, 노동 그 자체는,
팔린 기름의 사용가치가 기름장수
의 것이 아닌 것과 마찬가지로, 노
동력 판매자의 것이 아니다 … I
258
＿＿의 사용이 바로 노동이다 …
I 237
＿＿의 소비과정은 동시에 상품의
생산과정이며 잉여가치의 생산과
정이다 … I 232
＿＿의 하루 가치 … I 227
＿＿이 생산수단과 분리되어 있다
… Ⅱ39
노동부대 … I 538, 948
노동빈민 … I 840, 1041
노동생산성(력): … I 49
개별 자본가는 ＿＿을 향상시켜

특별잉여가치를 얻으려 한다. … I 434

____과 노동강도가 불변인 경우, 노동일의 단축은 노동력의 가치[따라서 필요노동시간]에 변동을 주지 않는다 … I 711

____을 2배로 향상시키면 1노동일에 생산되는 상품량은 2배가 된다 … I 433

____의 무한한 증가는 놀고먹는 부자들의 사치와 향락의 증가 외의 다른 어떤 결과도 가져올 수 없다 … I 883

____의 발달과 노동일의 단축 … I 438

____의 상승 … I 430, 438

____의 상승은 자본생산성의 끊임없는 증대로서 나타날 뿐 … Ⅲ 1116

____의 향상 … I 850

____의 향상은 노동력의 가치를 저하시키고 따라서 잉여가치를 증가시키며, 반대로 노동생산성의 저하는 노동력의 가치를 증가시키고 잉여가치를 저하시킨다 … I 704

____이 높으면 높을수록 한 물품의 생산에 걸리는 노동시간은 그만큼 작아지며, 그 물품에 응고되는

노동량도 그만큼 적어지고, 따라서 그 물품의 가치도 그만큼 작아진다. … I 50

____이 감소하고 동시에 노동일이 연장되는 경우에는 잉여가치의 상대적 크기와 절대적 크기가 동시에 증대할 수도 있다 … I 714

____이 증가하면 할수록 노동일은 더욱더 단축될 수 있으며, 노동일이 단축되면 될수록 노동강도는 더욱더 강화될 수 있다 … I 716

노동수단:

____과 노동대상은 생산수단으로 나타나며, 노동 그 자체는 생산적 노동으로 나타난다 … I 242

____은 도구, 기계, 일하는 동물, 토지 등 … I 239

____의 수리 … I 273

____이 생산물에 첨가하는 총가치 … Ⅱ 146

노동시간:

____의 규제는 살인적이고 무의미하며 또 대공업 체계에는 잘 맞지 않는] 변덕스러운 유행에 대한 최초의 합리적인 굴레 … I 646

노동에 대한 감독 … I 452

노동운동: … I 318

____은 지주계급을 동맹자로 삼다

… Ⅰ 384

노동여성 … Ⅰ 533

노동의 가격:

하루 노동량 또는 주 노동량이 일
정하다면 일급 또는 주급은 ____에
달려 있다. … Ⅰ 740

____이 일정하다면 일급 또는 주
급은 하루 노동량 또는 주 노동량
에 의존한다 … Ⅰ 741

노동의 사회적 생산성 … Ⅲ264

노동의 사회적 생산성의 발달 … Ⅲ
308

노동의 수요·공급 법칙의 작용은 자
본의 독재를 완성한다. … Ⅰ 872

노동의 전환성 … Ⅰ 657

노동이 가벼워지는 것조차 고통의 원
천 … Ⅰ 571

노동일: … Ⅰ 308

강제적 ____ 단축 … Ⅰ 553

평균____의 절대적 한계는 착취되
는 노동자 수의 감소를 착취율의
증대를 통해 보상하는(잉여가치량
을 증가시키는) 것의 한계 … Ⅰ 416

____ 단축의 절대적 최소한계는,
노동의 보편화에 있다 … Ⅰ 716

____은 그 길이에 비례해 더 많거
나 더 적은 양의 가치를 창조한다
… Ⅰ710

____은 대공업의 탄생과 더불어
연장되기 시작 … Ⅰ 376

____의 최대한도 … Ⅰ 309

____의 표준화 … Ⅰ 313

노동자:

____가 자본가에게 제공하는 '사
용가치'는 실제로는 그의 노동력이
아니라 노동력의 기능, 즉 재봉노
동·제화노동·방적노동 따위로 일정
한 형태의 유용노동이다 … Ⅰ 735

____가 협업에서 발휘하는 생산력
은 자본의 생산력 … Ⅰ 453

____는 노동시간의 인격화 … Ⅰ
325

____는 자본가에게 신용을 주고
있다 … Ⅰ 230

____는 자본가의 '화폐' … Ⅰ 391

____는 처자를 파는 노예상인이
된다 … Ⅰ 535

____들은 1838년 이래 인민헌장
을 정치적 선전구호로, 10시간 노
동법안을 경제적 구호로 삼다 … Ⅰ
381

____들의 단결은 14세기로부터
[단결금지법이 폐지된] 1825년에
이르기까지 무거운 죄로 취급되었
다 … Ⅰ 1012

____들의 소비능력 … Ⅲ620

\_\_\_\_들의 영원한 노예상태 … I 371

\_\_\_\_법령 … I 1011

\_\_\_\_의 경제적 예속 … I 788

\_\_\_\_의 끊임없는 재생산 또는 영구화는 자본주의적 생산의 필수조건이다 … I 779

\_\_\_\_의 모든 단결은 '자유와 인권 선언에 대한 위반' … I 1015

\_\_\_\_의 불복종행위 … I 500

\_\_\_\_의 이동능력 … III 243

\_\_\_\_의 제1위생권 … III 118

\_\_\_\_ 자신의 시간과 고용주의 시간 … I 411

노동자=자본가 … II 552

노동자계급 가정의 유아사망률 … I 537

노동자계급의 궁핍화 경향:

　자본이 축적됨에 따라 노동자의 상태는, 그가 받는 임금이 많든 적든, 악화되지 않을 수 없다 … I 879

　한 쪽 끝의 부의 축적은 동시에 반대 편 끝, 즉 자기 자신의 생산물을 자본으로 생산하는 노동자계급 측의 빈곤 · 노동의 고통 · 노예상태 · 무지 · 잔인 · 도덕적 타락의 축적이다 … I 879

노동자계급의 동맹자 … I 402

노동자계급의 유지와 재생산은 언제나 자본의 재생산에 필요한 조건이다. 그러나 이 조건의 충족을 자본가는 안심하고 노동자의 자기유지 본능과 생식 본능에 맡길 수 있다 … I 780

노동조건과 생산자 사이의 분리 … III 308

노동조합:

　1871년 6월 29일의 의회법령은 \_\_\_\_을 법적으로 승인 … I 1014

　\_\_\_\_의 설립 등을 통해 취업자와 실업자 사이의 계획된 협력 … I 872

노동증명서 … I 123

노동지대 … III 1000

노동화폐 … I 123

노르만 정복왕 … I 1005

노예노동, 부역노동, 임금노동에서 필요노동과 잉여노동의 구별 … I 733

노예무역 … I 1040

노예의 쇠사슬 … I 573

노예제도 옹호반란 … I 32, 387

노예제도의 감독노동 … I 452

노예제에 의거한 생산:

　\_\_\_\_에서 말 대신 노새를 사용하

는 이유 … I 262

____이 더욱 비싼 이유 … I 262

노예해방령 … I 379

농민가족의 가부장적 생산 … I 101

농산물의 가격은 가치에 도달하지 않고서도 생산가격보다 높을 수 있다. … III 968

농업경영의 진보와 농업노동자의 퇴보 … I 919

농업과 가내공업 사이의 분리과정을 촉진시키는 바로 그 보호무역제도 … I 1026

농업과 공업의 결합 … I 682

농업노동자:

　1770~1780년의 영국 ____의 형편은 그 이후로는 다시 도달하지 못한 이상 … I 920

　____들의 노동조합 … I 340

농업에 대한 장애물로서의 사적 소유에 대한 비판 … III 1029

농업혁명의 제1막은 농장에 있는 오두막집들을 대규모로, 철거해 버리는 것이었다. … I 965

농촌의 봉건제도와 도시의 길드제도는 고리대금업과 상업에 의해 조성된 화폐자본이 산업자본으로 전환하는 것을 방해 … I 1028

농촌의 잠재적 과잉인구 … I 875

뉴마치 … I 402

뉴 포리스트 … I 1005


[ ㄷ ]


다윈 … I 465

단결금지법의 폐지 … I 613

단순상품유통 … I 193

단순노동:

　단순한 평균적 노동과 더 복잡한 노동 … I 55

　더 복잡한 노동은 강화된 또는 몇 배로 된 ____ … I 55

단순재생산 … I 773, II 75, 489

단순화를 위해 각종 노동력을 단순노동력으로 여길 것, 오직 환산의 수고를 덜기 위해서 … I 55

당좌대월 … III 519

대공업:

　____은 가족과 남녀관계의 더 높은 형태를 위한 새로운 경제적 토대를 창조하고 있다 … I 660

　____은 농업분야에서 소경영 농민을 파멸시켜 임금노동자로 전환시킨다 … I 681

　____은 자본을 위해 국내시장을 최종적으로 정복 … III 1147

　____의 기술적 필요성과 대공업의

자본주의적 형태에 내재하는 사회
  적 특성 사이의 절대적 모순 … I
  656
대규모 공업만이 산업자본을 위해 전
  체 국내시장을 비로소 정복한다.
  … I 1026
대규모 토지약탈 … I 581
대목의 돌발적 주문 때문에 주기적으
  로 너무 심한 과도노동이 행해진
  다. … I 645
대부가능자본 … II 623
대부가능한 화폐자본의 증가가 모두
  진정한 자본축적은 아니다 … III
  622
대부자본량은 유통화폐량과는 전혀
  다르다 … III 640
대외무역 … II 589, III 131, 296
대장장이 … I 344
대토지소유자계급의 놀랄만한 생명력
  … III 921
『더 타임즈』 … I 343
데스튀트 드 트라시, 부르주아적 백치
  병 … II 617
데카르트 … I 527
도덕적〔무형의〕 가치감소(감가) …
  I 547, II 205, III 139
도매상 … I 337
도시와 농촌의 분리 … I 479

도자기 제조업 … I 326, 641
독립적인 자영농민의 희박은 공업프
  롤레타리아트의 응축 … I 1021
독점가격 … III 969
  어떤 상품의 ＿＿은 다른 상품생
  산자의 이윤의 일부를 ＿＿을 가진
  상품으로 이전시킬 따름이다 … III
  1091
  ＿＿이 지대를 창조한다. … III
  983
독점회사 … I 1032
둘카마라형 … III 25
뒤크페티오 … I 916
뒷일은 될 대로 되라지! … I 365
등가물:
  개별적, 특수한, 일반적 ＿＿ … I
  87
등가형태 … I 61, 72
떠돌이 … I 1008

[ ㄹ ]

라베르뉴 … I 721
라살 … I 3
러다이트 운동 … I 579
러시아 … III 421
런던의 가옥 건축 … II 287
「레글루만 오르가니크」 … I 317

레반트무역〖근동무역〗 … Ⅲ1142

레이스공장과 양말공장 … Ⅰ402

레이스 제조업과 밀짚 세공업 … Ⅰ
  628

렉시스 … Ⅲ11

로리아 … Ⅲ21

로마귀족에 의한 고리대 … Ⅲ763

로마의 귀족은 전쟁을 통해 평민들을
  몰락시켰다 … Ⅲ768

로마 평민의 몰락을 그렇게도 심하게
  촉진한 병역 … Ⅰ996

로버트 필 … Ⅰ184

로빈슨 크루소 … Ⅰ99

로셔: … Ⅰ275

  ____의 잉여가치론 … Ⅰ289

로저스 … Ⅰ919

로트베르투스 … Ⅰ719, Ⅱ8, Ⅲ987

룸펜프롤레타리아트 … Ⅰ877

리본과 레이스를 짜는 기계에 대한 노
  동자들의 반란 … Ⅰ578

리비히 … Ⅰ683

리카도: … Ⅰ524, 551, 684

  강한 이론적 본능을 가지고 있었
  다 … Ⅱ265

  고전파 경제학의 최후의 위대한
  대표자 … Ⅰ11

  ____는 잉여가치의 기원에 관해서
  는 전혀 관심을 기울이지 않았다

  … Ⅰ697

  ____의 가정이 국내의 그때그때의
  금량과 동일한 양의 주화를 유통시
  키려는 현실적 실험으로 전환 …
  Ⅲ705

  ____의 가치이론 … Ⅰ104

리카도학파를 붕괴시킨 난점들:

  자본과 노동 사이의 상호교환을
  노동에 의한 가치 결정이라는 리카
  도의 법칙과 조화시키지 못한 것
  … Ⅱ23, 25

  잉여가치와 평균이윤 사이의 차이
  … Ⅱ26

릴레이 제도: … Ⅰ378

  공장주들의 릴레이 계획 … Ⅰ395


[ ㅁ ]


마력 … Ⅰ510

마르크공동체 … Ⅲ1139

마르크스:

  인용한 문장의 정확성 … Ⅰ34

  ____가 사회로 침입하는 것 … Ⅰ
  720

  ____에 대한 비난; ____가 로트베
  르투스를 표절했다 … Ⅱ8

  ____의 가치법칙과 균등한 평균이
  윤율 사이의 모순 … Ⅲ12

____의 인용방식 … I 25

마이어 … II 8

매뉴팩처〖공장제 수공업〗: … I 29,
  III 419, 1146

  마차 ____ … I 458

  애덤 스미스는 ____ 시대의 대표
  적 경제학자 … I 474

  양모 ____ … I 514

  우산 ____ … I 483

  유리병 ____ … I 472

  편지봉투제조 ____ … I 513

  ____는 노동자를 기형적인 불구자
  로 만든다 … I 489

  ____는 인간을 기관으로 하는 생
  산메커니즘 … I 461

  ____ 시대에 비로소 독립된 과학
  으로 등장한 경제학 … I 496

  ____의 특징은 노동도구의 분화와
  특수화 … I 465

  ____적 분업 … I 495

  ____적 생산과 기계제 생산의 본
  질적인 차이 … I 514

매매담당 노동자의 노동 … II 157

매시 … I 696

매일 점점 더 빠르게 증가하는 생산과
  점점 더 느리게 확대하는 시장 …
  III 565

매컬록 … I 186, 200, 597, 705, 830

매콜리 … I 370

매클라우드 … I 78

맨더빌 … I 482

맬더스 … I 213, 684, 715, 842, 864

  유명한 ____의 명제〖1798〗는
  웃음거리가 되었고 … III 858

  인구에 관한 ____ 저작의 초판 …
  I 479

면방적업과 기관차 제조업 … II 280

면방직공들의 해골이 인도의 벌판을
  하얗게 물들이고 있다 … I 583

면화공황: … I 533

  ____기에 기계의 급속한 개선 …
  I 587

면화기근 … I 614, III 148

면화의 수입관세 철폐 … III 131

명목임금과 실질임금 … I 738

명예혁명 … I 991

『모닝 스타』 … I 343, 734

모든 노동은 그것이 끝난 뒤에 대가를
  지불받는다 … I 229

모든 문명국에서는 항상 토지의 상당
  히 큰 부분이 경작되지 않은 채로
  있다 … III 961

모든 부의 원천인 토지와 노동자 …
  I 684

모어 … I 986, 1008

모즐레 … I 520

무가치한 생물체에 대해 행하는 실험
··· I 616

무어 ··· I 27

물신숭배 ··· I 94

미국:

    ＿＿ 남부 주들의 흑인 노동 ··· I
314

    ＿＿ 남북전쟁 ··· I 6

    ＿＿ 독립전쟁 ··· I 6

    ＿＿의 경제발전은 그 자체가 유
럽 특히 영국 대공업의 산물이었
다. ··· I 609

미래상 ··· I 5

미숙련노동자 ··· I 477

밀경작지의 지대가 가축가격의 결정
적인 요소 ··· Ⅲ 973

[ ㅂ ]

바스티아: ··· I 106

    변호론적 속류경제학의 가장 천박
한 대표자 ··· I 13

박리다매 ··· Ⅲ 395

박승호 ··· I, Ⅱ, Ⅲ xii

반더린트 ··· I 371

반일공 ··· I 325

발달한 신용제도와 은행제도가 전체
의 유기체를 지나치게 민감하게 만

든다 ··· Ⅲ 734

발표 방법 ··· I 18

방적공의 노동은 인간노동 일반이라
는 성질에 의해 생산수단에 새로운
가치를 첨가하며, 방적노동이라는
구체적이고 유용한 성질에 의해 생
산수단의 가치를 면사로 이전하여
그 가치를 면사 속에 보존한다 ···
I 268

방적공의 노동이 면화에 첨가하는 가
치부분 ··· I 251

배당 ··· Ⅲ 564

배비지 ··· I 476

버크 ··· I 440, 1041

번영기 ··· Ⅲ 626

번영기와 경기후퇴기의 차이 ··· Ⅲ
581

범선과 기선 사이의 운임 차액 ··· I
647

법화 ··· Ⅲ 515

베이컨 ··· I 527, 986

베이크웰 ··· Ⅱ 292

벤담: ··· I 832

    ＿＿은 부르주아적 백치천재 ···
I 833

벤자민 톰슨(통칭 럼포드백작) ··· I
820

벨기에: ··· I 407

____ 노동자의 '행복' … Ⅰ916

____는 노동일의 규제에서 부르주아 국가의 표본 … Ⅰ375

벨러즈 … Ⅰ658

벽지공장 … Ⅰ331

변증법:

합리적인 형태 … Ⅰ19

헤겔 … Ⅰ19

변증법적 방법: … Ⅰ18

관념적인 것은 물질적인 것이 인간의 두뇌에 반영되어 생각의 형태로 변형된 것 … Ⅰ19

보관비용 … Ⅱ173

보야르 … Ⅰ313

보조재료 … Ⅱ192

보편적 노동과 공동적 노동 … Ⅲ128

보험 … Ⅱ213

보험업 … Ⅲ259

보호무역제도 … Ⅰ767, 1036

보호주의정책 … Ⅲ565

본원적 수입과 파생적 수입 … Ⅱ463

본질적 관계 … Ⅰ737

볼프 … Ⅲ19

봉건적 생산양식의 붕괴과정 … Ⅲ421

봉사라는 것은 상품에 의한 봉사건 노동에 의한 봉사건 어떤 사용가치의 유용한 효과 이외의 아무것도 아니다. … Ⅰ257

'봉사자계급' … Ⅰ602

봉투제조기 … Ⅰ513

부기 … Ⅱ161

부랑자 왕국 … Ⅰ1009

부랑자에 대한 잔인한 입법 … Ⅰ1006

부르주아 경제학 … Ⅱ268

부르주아 경제학의 변호론적 특징 … Ⅰ148

'부르주아' 경제학의 파산선고 … Ⅰ13

부역노동에서는 잉여노동은 필요노동과 명확히 분리되어 있다 … Ⅰ315

부인복 재봉소 … Ⅰ341

분배:

소비수단의 ____라는 일상적인 의미의 ____가 아니라 생산요소 그자체의 ____ … Ⅱ40

분배관계:

____는 본질적으로 생산관계와 동일 … Ⅲ1113

____의 역사적 성격은 생산관계의 역사적 성격이며, 후자의 한 측면을 표현하고 있을 뿐이다 … Ⅲ1118

분업의 해로운 결과 … Ⅰ492

분익농 … Ⅰ1018

불변자본 … Ⅰ278

불완전 취업에서 생기는 노동자 고통
  의 근원 … Ⅰ741
불환은행권 … Ⅲ672
불환지폐 … Ⅰ164
  ____는 금 또는 화폐의 상징이다.
  … Ⅰ166
  ____는 자기 자신의 객관적인 사
  회적 정당성을 강제통용력에서 얻
  고 있다. … Ⅰ168
  ____는 화폐의 유통수단 기능에서
  생기고, 신용화폐는 화폐의 지불수
  단 기능에서 생긴다 … Ⅰ165
  ____유통의 독자적 법칙 … Ⅰ165
브렌타노 … Ⅰ37
비법 … Ⅰ655
비생산적으로 소비되는 자본 … Ⅰ781
빈궁과 인구의 대량생산 … Ⅲ272
빈농 … Ⅲ762
빌헬름 볼프 … Ⅰ2
빵제조업 … Ⅰ333, 403

[ ㅅ ]

사물의 현상형태와 본질이 직접적으
  로 일치한다면 모든 과학은 불필요
  하게 될 것이다 … Ⅲ1037
사용가치 … Ⅰ44
사유지 청소 … Ⅰ998

사적 소유:
  자본주의는 개인 자신의 노동에
  토대를 두는 ____의 철폐, 즉 노동
  자로부터 노동조건을 빼앗는 것을
  기본조건으로 삼고 있다. … Ⅰ1062
  ____의 두 종류. 생산자 자신의 노
  동에 기반을 두는 ____와 타인노동
  의 착취에 기반을 두는 ____ … Ⅰ
  1048
  ____로서의 자본을 철폐 … Ⅲ
  564
사치품의 생산 … Ⅰ601
사회 안의 분업과 매뉴팩처 안의 분업
  사이의 차이 … Ⅰ483
사회의 자본은 전부 임금으로만 지출
  된다는 주장 … Ⅰ805
사회의 집중되고 조직된 힘인 국가권
  력 … Ⅰ1029
사회적 기업의 주주 … Ⅲ259
사회적 노동의 생산력 발달은 자본의
  역사적 사명 … Ⅲ324
사회적 노동의 생산성 … Ⅲ244
사회적 분업: … Ⅰ52
  ____은 상품생산의 필요조건 …
  Ⅰ52
  ____의 무정부상태와 매뉴팩처적
  분업의 독재 … Ⅰ485
사회적 생산의 두 부문 … Ⅱ493

사회적 수요 … Ⅲ224

사회적으로 필요한 노동 … Ⅰ280

사회적으로 필요한 노동시간: … Ⅰ48

　　, 즉 시장에 있는 상품종류의 사회적으로 요구되는 총량을 생산하는 데 주어진 평균적인 사회적 생산조건에서 필요한 노동시간 … Ⅲ822

사회적 이성 … Ⅱ388

사회적 자본의 평균구성 … Ⅲ203

사회적 총자본:

　　한 나라의 　　의 구성 … Ⅰ837

　　　　의 순환 … Ⅱ438

　　　　의 평균 유기적 구성의 고도화 … Ⅲ264

사회적 필요 … Ⅲ228

산업순환의 각 국면과 이자율 수준 … Ⅲ459

산업예비군: … Ⅰ657

　　사회의 부, 기능하는 자본, 기능자본 증대의 규모와 활력, 이리하여 또 프롤레타리아트의 절대수와 그들 노동의 생산력이 크면 클수록, 　　은 그만큼 더 커진다. … Ⅰ877

산업의 생애는 중간 정도의 활황, 번영, 과잉생산, 공황, 침체라는 일련의 시기들로 구성된다 … Ⅰ611

산업의 진보에 과세 … Ⅰ760

산업자본 … Ⅱ61, 64

산업자본가에게는 C−M이 상인에게는 M−C−M′ … Ⅲ342

산업자본의 연속적 순환:

　　연속적으로 행해지는 산업자본의 현실적 순환은 유통과정과 생산과정의 통일일 뿐 아니라 세 가지 순환 모두의 통일이다 … Ⅱ122

산업자본의 완전한 지배 … Ⅲ413

살아있는 가치창조적 노동력 … Ⅲ35

살아있는 굴뚝소제기 … Ⅰ536

삼위일체의 공식 … Ⅲ1033

상그라도파 의사 … Ⅰ970

상당한 이윤만 있다면 자본은 과감해진다. … Ⅰ1042

상대적 가치:

　　　　의 동일한 양적 변동이 정반대의 원인으로 발생할 수 있다 … Ⅰ68

상대적 가치형태 … Ⅰ61

상대적 과잉생산 … Ⅲ860

상대적 과잉인구:

　　노동인구는 그들 자신이 생산하는 자본축적에 의해 그들 자신을 상대적으로 불필요하게 만드는 [즉 　　로 만드는] 수단을 점점 더 큰 규모로 생산한다 … Ⅰ860

　　취업의 불확실성과 불규칙성, 그

리고 빈번하고도 장기적인 실업은
____의 모든 징조들 … I 967

____ 또는 산업예비군은 자본주의
적 생산양식의 생존조건. 이 과잉
인구가 자본주의적 축적의 지렛대
로, 심지어는 자본주의적 생산양식
의 생존조건이 된다. 과잉 노동인
구는 산업예비군을 형성한다 … I
861

____의 존재형태. 유동적 형태, 잠
재적 형태, 정체적 형태 … I 873

____의 창조 … III 295

____의 최하층은 구호 빈민 상태
에 있다 … I 877

상대적 잉여가치 … I 431

왜 자본가는 상품을 싸게 하려고
노력할까 … I 437

상시몽의 근로자는 노동자가 아니라
산업자본가와 상업자본가 … III
776

상시몽주의자들의 은행 · 신용환상 …
III 775

상업신용 … III 614

상업이 산업을 지배 … III 416

상업자본

____과 산업자본의 의존성과 자립
성 … III 383

____은 직접적으로는 가치도 잉여

가치도 생산하지 않는다. … III 353

____의 개입에 의한 이윤의 추가
적인 균등화 … III 361

____의 순수한 형태 … III 414

____의 회전수는 상품의 상업가격
에 직접적인 영향을 미친다. … III
392

상인들 상호간의 경쟁 … III 387

상인이 투하하는 화폐자본 … III 346

____의 유통속도 … III 350

상인자본 … I 203, 215

____은 상품거래자본과 화폐거래
자본으로 분할 … III 337

____의 가치증식 … I 216

상품: … I 43

____가격은 유통수단의 양에 의해
결정되며, 유통수단의 양은 또한
한 나라에 존재하는 화폐재료량에
의해 결정된다고 생각하는 환상 …
I 160

____ 안에 숨어 있는 사용가치와
가치 사이의 내적 대립 … I 78

상품 1개당 이윤율, 연간 회전액에 대
한 이윤율, 총투하자본의 이윤율
… III 284

상품가치 … I 47

상품가치=비용가격+이윤 … III 42

상품가치가 수입의 원천 … II 477

상품거래업자〔상업자본가〕 … Ⅲ
339

상품거래자본 또는 상업자본 … Ⅲ
338

상품들에 대상화되어 있는 총노동량
과 지불노동량 사이의 차이 … Ⅲ
356

상품물신의 수수께끼 … Ⅰ121

상품생산의 소유법칙과 자본주의적
취득법칙 … Ⅰ801

상품에 내재하는 대립과 모순들 … Ⅰ
148

상품에 체현되어 있는 노동의 이중성:
… Ⅰ51

　동등한 또는 추상적인 인간노동이
라는 속성에서 상품의 가치를 형성
하고, 구체적 유용노동이라는 속성
에서 사용가치를 생산한다 … Ⅰ58

상품유통:

　____과 직접적 생산물교환 … Ⅰ
146

　____은 판매와 구매 사이의 필연
적인 균형을 낳는다 … Ⅰ147

상품의 가격은 오직 임금과 잉여가치
로 이루어진다는 주장 … Ⅰ806

상품의 가격인상에 의한 상업이윤의
실현 … Ⅲ357

상품의 가치:

　____가 이론적으로도 역사적으로
도 상품의 생산가격보다 앞선다 …
Ⅲ219

　____는 결국 임금+이윤+지대로
분해될 수 있다는 기본적으로 틀린
교리 … Ⅲ1066, 1069

　____는 그 상품에 체현되어 있는
노동량에 정비례하고 노동생산성
에 반비례한다. … Ⅰ50

　____는 상품에 포함되어 있는 노
동량에 의해 결정되며, 임금의 가
치는 필요생활수단의 가격에 의해
결정되고, 임금을 넘는 가치초과분
이 이윤과 지대를 형성한다 … Ⅲ
1098

　____는 순수하고 단순한 인간노
동, 즉 인간노동력 일반의 지출을
표현하고 있다. … Ⅰ55

상품의 가치형태 … Ⅰ77

상품의 개별 가치와 사회적 가치 사이
의 차이 … Ⅰ435

상품의 결사적인 도약 … Ⅰ138

상품의 비용가격 … Ⅲ32

상품의 생산과정은 노동과정과 가치
형성과정의 통일 … Ⅰ249

상품의 자본가적 비용 … Ⅲ33

상품의 현실적 비용 … Ⅲ33

상품자본 … Ⅱ46

상품자본의 순환: … Ⅱ102, 115
　케네의 『경제표』의 기초 … Ⅱ118
상품형태의 신비성 … Ⅰ93
새들러 … Ⅰ961
새로운 기계를 도입한 최초의 시기
　… Ⅲ139
생산가격 … Ⅲ245
생산가격=비용가격+평균이윤 … Ⅲ
　196
생산과정 … Ⅰ263
생산과정의 성질이 노동일의 제한과
　규제를 불가능하게 한다는 이른바
　'자연적 장애' … Ⅰ643
생산력은 기하급수적으로 증대하고
　있는데 시장은 기껏해야 산술급수
　적으로 확대 … Ⅰ31
생산물:
　사회적 ＿＿, 또는 집단적 노동자
　의 공동＿＿ … Ⅰ688
　＿＿ 형성요소로서 기계와 가치형
　성요소로서 기계 … Ⅰ523
생산물은 자본과 수입들로 분할 …
　Ⅲ1113
생산물의 가치와 가치생산물 … Ⅰ284
생산물지대 … Ⅲ998
생산방식의 변혁은 매뉴팩처에서는
　노동력에서 시작하고, 대공업에서
　는 노동수단에서 시작한다. … Ⅰ
　504
생산성 … Ⅰ57
　예외적으로 ＿＿이 높은 노동은
　강화된 노동으로 작용한다. … Ⅰ
　435
생산수단 … Ⅰ222
생산수단 사용의 절약 … Ⅰ443, 623
생산수단의 생산시간 … Ⅱ145
생산시간과 노동기간의 차이 … Ⅱ304
생산시간과 유통시간 … Ⅱ144
생산시간이 노동시간을 초과하는 원
　인 … Ⅱ147
생산양식은 물질적 생산물을 생산할
　뿐 아니라 이 생산물들이 생산되고
　있는 생산관계 그리고 또한 그것에
　대응하는 분배관계를 끊임없이 재
　생산한다 … Ⅲ1113
생산에 대한 봉건적 족쇄들을 타파
　… Ⅲ419
생산의 불비례 … Ⅲ620
생산의 폐기물 … Ⅲ123
생산이 사회의 진정한 사전적 통제를
　받는 경우 … Ⅲ231
생산자로부터 생산조건의 소외 … Ⅲ
　765
생산자본 … Ⅱ34, 38
생산자본의 과잉 … Ⅲ620
생산자본의 단순재생산 … Ⅱ76

생산적 노동 … I 242

생산적 노동자:

자본가를 위해 잉여가치를 생산하는 노동자, 또는 자본의 가치증식에 기여하는 노동자만이 생산적이다 … I 688

학교 교사는 학생들의 두뇌를 훈련시킬 뿐 아니라 학교 소유자의 치부를 위해 헌신하는 경우에만 ____ … I 688

____가 되는 것은 행운이 아니라 불운이다 … I 688

생산적 소비: … I 276, 779

____와 개인적 소비 … I 245

생산조건들의 절약 … Ⅲ 97

생산하지 않고 소비만 하는 계급 … I 213

생필품과 사치품 … Ⅱ 504

생활수단 … I 222

샤프츠베리 백작[당시는 애쉬리 경]은 귀족의 박애주의적 반反공장 진영의 총사령관 … I 923

서덜랜드 지역 … I 364

선대상인 … Ⅲ 1144

선반활대 … I 520

성과급은 자본주의적 생산양식에 가장 잘 어울리는 임금형태 … I 756

성냥제조 … I 641

성냥제조업에서 파상풍 … I 330

성인 남녀 노동자들의 아편소비 … I 539

성인 한 사람에게 필요한 공기의 최소한도 … I 342

세 … I 215, 274

세 개의 직선들을 '구성부분들'로 하여 하나의 직선을 만드는 것과, 하나의 주어진 직선을 세 개의 직선들로 분해하는 것은 다르다 … Ⅱ 477~479

세계시장: … I 601

15세기 말 ____의 혁명 … I 981

15세기 말의 대발견들이 창조한 새로운 ____의 상업적 요구 … I 1027

____의 경쟁 … Ⅲ 147

____의 형성 … Ⅲ 333

____의 확대와 식민제도 … I 481

세계화폐 … I 184

세금의 폐지는 노동력의 가치와 잉여가치 사이의 비율에는 아무런 변동도 일으키지 않는다 … I 705

소경영:

생산수단에 대한 노동자의 사적 소유는 ____의 기초이며, ____은 사회적 생산의 발전과 노동자 자신의 자유로운 개성의 발전에 필요한

조건이다. … Ⅰ1043

소규모 경작에서는 토지가격은 생산
　　그것에 대한 장애물로서 나타난다
　　… Ⅲ1029

소규모 농민적 경영과 독립적인 수공
　　업경영 … Ⅰ455

소규모 농업과 가내공업의 통일 …
　　Ⅲ420

소규모 토지소유농민 … Ⅲ1020

소농이 지배적인 나라의 곡물가격이
　　자본주의적 생산양식이 지배적인
　　나라의 곡물가격보다 낮은 이유 …
　　Ⅲ1021

소련·쿠바·북한의 '공산주의체제'
　　… Ⅰ, Ⅱ, Ⅲ ix

소부르주아적 사회주의 … Ⅰ114

소비의 폐기물 … Ⅲ123

소실링론자 … Ⅰ309

소유권은 전적으로 생산관계에 의해
　　창조된 것 … Ⅲ984

소유와 합리적 농업 사이의 모순 …
　　Ⅲ793

소유지의 구매가격이 '몇 년 분의 수
　　입'으로 계산 … Ⅲ800

소재적 생산자본 … Ⅲ724

속류경제학 … Ⅲ996

　　＿＿＿에서는 진리에 대한 사랑과
　　과학적 탐구욕이 전혀 불필요하게

된다 … Ⅲ1070

　　＿＿＿은 부르주아적 생산관계에 사
　　로잡혀 있는 생산담당자들의 관념
　　을 교조적으로 해석하고 체계화하
　　며 변호한다 … Ⅲ1037

　　＿＿＿은 현실의 생산담당자의 일상
　　적인 관념을 선생인 체하면서 다소
　　교조주의적으로 번역하여 이해할
　　수 있도록 정리한 것에 불과하다
　　… Ⅲ1053

속류경제학자 … Ⅲ287

손노동과 두뇌노동 사이의 분업 … Ⅰ
　　493

수공업과 매뉴팩처(공장제 수공업)
　　… Ⅰ439

수단―사회적 생산력의 무조건적 발
　　달―이 제한된 목적[기존자본의 가
　　치증식]과 끊임없이 충돌하게 된다
　　… Ⅲ313

수라트(인도) 면화 … Ⅰ615

수리비 … Ⅱ141

수에즈운하 … Ⅲ525

수요와 공급:
　　'신성한' ＿＿＿ 법칙 … Ⅰ872

　　＿＿＿의 일반적 개념 … Ⅲ230

　　＿＿＿이 일치하는 것 … Ⅲ234

　　＿＿＿이 일치할 때 노동의 가격은
　　＿＿＿의 관계와 상관없이 결정되는

노동의 자연가격이다. 그리하여 이
자연가격이 어떻게 결정되는가를
밝히는 것이 연구의 대상으로 되었
다. … I 731

수입 … I 807

수입은 임금+이윤+지대 … Ⅲ1066

수입의 화폐형태와 자본의 화폐형태
사이의 구별이며, 통화와 자본 사
이의 구별은 아니다 … Ⅲ572

수직기와 역직기 사이의 경쟁은 사실
상 구빈세에 의해 유지되고 있다
… I 583

순수유통비용 … Ⅱ 154, Ⅲ364

순수입은 임금을 뺀 뒤 남는 잉여가
치, 잉여생산물 … Ⅲ1066

순환 전체가 또 다시 새로 시작된다
… Ⅲ318

슈미트 … Ⅲ14

슈토르히 … I 882

스가나렐형 … Ⅲ25

스미스 … I 482, 492

스윙 폭동(1830년) … I 921

스태퍼드 … I 1019

『스탠더드』 … I 344

스튜어트 … I 479

스티벨링 … Ⅲ25

스피냄랜드 … I 822

시간급의 형태, 즉 일급·주급 … I
738

시간외 노동 … I 331

시간외 노동에 대한 임금률 … I 743

시계 … I 466

시니어 … I 297, 302, 814, 972

시스몽디 … I 11, 314, 882

시장가격 … Ⅲ221, 246

시장가치 … Ⅲ220

시장생산가격 … Ⅲ258, 822

시장의 크기 … Ⅲ133

시장이자율 … Ⅲ466

____은 (대부)자본의 수요와 공급
에 의해 결정된다 … Ⅲ661

시초축적: … I 852

무자비한 폭력 아래에서 수행된
교회재산의 약탈, 국유지의 사기적
양도, 공유지의 횡령, 봉건적·씨족
적 소유의 약탈과 그것의 근대적
사적 소유로 전환은 모두 ____의
목가적 방법이었다 … I 1005

일정한 정도의 자본축적(즉 ____)
이 진정한 자본주의적 생산방식의
전제조건이고, 진정한 자본주의적
생산방식은 자본의 가속적 축적을
일으킨다. … I 852

자본주의적 생산양식의 결과가 아
니라 그것의 출발점인 축적 … I
977

____은 생산자와 생산수단 사이의 역사적 분리과정 … Ⅰ 979

____의 상이한 요소들은 잉글랜드에서는 17세기 말에 식민제도 · 국채제도 · 근대적 조세제도 · 보호무역제도를 포함하면서 체계적으로 통합되었다. … Ⅰ 1029

____의 주요한 계기들은 아메리카에서 금은의 발견, 원주민의 섬멸 · 노예화 · 광산에 생매장, 동인도의 정복과 약탈의 개시, 아프리카가 상업적 흑인 수렵장으로 전환 따위다 … Ⅰ 1029

____의 하나의 본질적 측면은 국가 권력의 이용이다 … Ⅰ 1010

식사시간 야금야금 깎아먹기 … Ⅰ 324

신생자본분파 … Ⅲ 323

신용 … Ⅲ 566

____의 발달 … Ⅲ 513

____의 최대한도는 산업자본의 가장 완전한 운용과 동등하다. … Ⅲ 619

____이 수축하거나 완전히 고갈하는 핍박기 … Ⅲ 662

신용자본 … Ⅲ 652

신용제도 … Ⅲ 242

____가 과잉생산과 상업의 지나친 투기의 주요한 지렛대 … Ⅲ 569

____는 고리대에 대한 반발로서 발전한다 … Ⅲ 769

____도 화폐제도의 토대로부터 해방되지 못한다. … Ⅲ 760

____에 내재하는 이중적 성격 … Ⅲ 570

____의 기초 … Ⅱ 347

신용조합 … Ⅲ 772

신용화폐 … Ⅰ 165, 181

신자유주의 … Ⅰ, Ⅱ, Ⅲ v

실물적 상품자본 … Ⅲ 724

실업자 … Ⅰ, Ⅱ, Ⅲ viii

실질 잉여가치율 … Ⅱ 370

[ ㅇ ]

아동노동과 친권 남용 … Ⅰ 660

아동들의 2교대제 … Ⅰ 378

아동 착취 … Ⅰ 370

아리스토텔레스 … Ⅰ 75, 216

아버스노트, 대규모 차지농업제도의 광신적 옹호자 … Ⅰ 990

아일랜드: … Ⅰ 959

1846년 곡물법 폐지와 함께 ____는 경작지를 목장으로 전환시키면서 농업노동자를 산업예비군으로 만들었다 … Ⅰ Ⅰ 972

____에서는 차지인이 일반적으로

소농민이다 … Ⅲ803

_____의 빈궁은 맬더스가 바라듯이 인구 수에 정비례하는 것이 아니라 반비례한다는 것을 증명하고 있다. … Ⅰ961

_____의 인구 … Ⅰ954

아크라이트는 천재적 이발사이고 타인 발명의 최대 절도자 … Ⅰ573

아편전쟁 … Ⅲ521

암스테르담은행 … Ⅲ772

애덤 스미스: … Ⅰ482, 492

_____는 분업에 관해 단 하나의 새로운 명제도 내놓지 못했다. … Ⅰ474

_____의 스승인 퍼거슨 … Ⅰ481

애빌링 … Ⅰ27

애빌링 부인 … Ⅰ27

야외표백업 … Ⅰ403

양도이윤 … Ⅲ415, 498

양모 … Ⅲ1015

어떤 물건은 가치를 가지지 않으면서 사용가치일 수 있다. … Ⅰ50

어음교환소 … Ⅲ668

어음을 할인받는 것 … Ⅲ547

에이커 … Ⅰ92

엔클로저:

사기와 횡령으로 취득한 국유지는 교회로부터 약탈한 토지와 함께 잉

글랜드 과두지배층의 현재 귀족령의 기초를 이루고 있다 … Ⅰ992

_____가 대규모 농장의 독점을 강화하며, 생활수단의 가격을 높이고, 인구를 감소시킨다 … Ⅰ995

엘베강 동쪽의 프로이센 … Ⅰ316

엥겔스 … Ⅰ320

여성노동과 아동노동은 자본가에 의한 기계사용의 첫 번째 결과 … Ⅰ533

역직기 … Ⅰ518

연간 생산물의 가치와 연간의 가치생산물 … Ⅱ469

연간 잉여가치율 … Ⅱ364, 375, Ⅲ91

연구대상 … Ⅰ4

연구대상을 순수한 형태로 고찰하기 위한 가정 … Ⅰ792

연소설 … Ⅱ21

연합한 생산자들에 의한 통제 … Ⅲ148

연합한 생산자들의 소유 … Ⅲ564

연합한 자본가들 … Ⅰ854

염색공장과 표백공장 … Ⅰ402

영 … Ⅰ305, 371

영국:

평화적·합법적 수단으로 사회혁명을 수행할 수 있는 유일한 나라 … Ⅰ32

＿＿＿ 공유지의 역사 … Ⅲ976

＿＿＿ '국민작업장' … Ⅰ569

＿＿＿ 면공업의 발달과정 … Ⅰ612

＿＿＿식 화폐와 도량형 … Ⅰ24

＿＿＿에서는 16세기 말에 당시로
서는 부유한 '자본주의적 차지농업
가'계급이 형성되었다 … Ⅰ1019

＿＿＿에서는 벽돌공의 노동이 비단
직조공의 노동보다 훨씬 더 높은
등급이다 … Ⅰ264

＿＿＿에서 모든 공공기관은 '왕의
것'이라는 명칭을 가지고 있으나,
그 대신 그들의 부채는 모두 '국민
의' 부채다 … Ⅰ1033

＿＿＿은 자본주의적 생산의 전형적
대표자 … Ⅰ320

＿＿＿의 공장법 … Ⅰ318

＿＿＿의 동인도회사 … Ⅰ1031

＿＿＿ 자유무역 모델 … Ⅰ31

영국인에 의한 인도경영의 역사 …
Ⅲ420

예금ㆍ은행권ㆍ어음에 의해 은행자본
이 창조되는 방식 … Ⅲ517

오두막집 공장과 진정한 공장 사이의
투쟁 … Ⅰ620

오르테스 … Ⅰ880

오언: … Ⅰ652

　　공장제도를 자기 실험의 유일한
토대로 삼았을 뿐 아니라 이론상으
로도 공장제도를 사회혁명의 출발
점이라고 선언했다 … Ⅰ679

＿＿＿의 공산주의적 공상 … Ⅰ407

와이어트 … Ⅰ505

와츠 … Ⅰ749

왕의 주화 변조권 … Ⅰ119

외부적 자연조건 … Ⅰ692

우수하고 강한 보병 … Ⅰ987

운수업 … Ⅱ179

운수업의 자본순환 공식 … Ⅱ64

운수업이 판매하는 것 … Ⅱ63

운하ㆍ부두ㆍ터널ㆍ교량 등과 같이
먼 장래에야 성과를 가져오는 사업
들의 확장 … Ⅰ601

원료 … Ⅱ192

원료생산을 공동으로 포괄적으로 장
기적으로 통제한다는 사상 … Ⅲ
146

웨스트 … Ⅰ684, 739

웨이드 … Ⅰ325

웨이크필드 … Ⅰ1049

웨지우드 … Ⅰ361

위선적 귀족들의 까다로운 식도락 …
Ⅰ358

위치와 비옥도의 상반되는 작용들과
위치라는 요인의 가변성 … Ⅲ975

위탁판매하는 제도 … Ⅲ522

유동자본 … Ⅱ 192

유럽의 중세 … Ⅰ 100

유어 … Ⅰ 302, 407, 476, 566, 590

유용노동: … Ⅰ 52

　사용가치의 창조자로서 노동, ＿＿으로서 노동은 사회 형태와 무관한 인간생존의 조건이며, 인간과 자연 사이의 물질대사, 따라서 인간생활 자체를 매개하는 영원한 자연적 필연성이다 … Ⅰ 53

유통, 즉 상품교환은 아무런 가치도 창조하지 않는다 … Ⅰ 215

유통수단으로 기능하는 화폐량 … Ⅰ 156

유통수단이 비교적 소량인데도 예금액이 증대될 수 있는 가능성 … Ⅲ 641

유통시간의 진정한 물질적 기초 … Ⅱ 390

유통자본 … Ⅱ 233

유통자본과 생산자본 … Ⅲ 338

유통하는 화폐의 총액 … Ⅰ 180

유통화폐량[통화량] … Ⅲ 575, 576

유한책임회사 … Ⅲ 1149

육체노동을 교육 · 체육과 결합시키는 것의 가능성 … Ⅰ 651

육체적 노동자와 노동감독자 … Ⅰ 572

융통어음 … Ⅲ 511, 694

은행: … Ⅱ 161, Ⅲ 514

　＿＿이 어떻게 신용과 자본을 창조하는가 … Ⅲ 697

　＿＿의 이윤 … Ⅲ 514

은행권 … Ⅲ 515

은행권의 태환에 대한 보증준비 … Ⅲ 586

은행자본의 대부분은 순전히 가공적인 것 … Ⅲ 603

음식물의 결핍을 참아내는 것은 최후의 궁핍 … Ⅰ 895

음악지휘자 … Ⅲ 493

의류품 … Ⅰ 634

의회는 자본가들의 상설조합 … Ⅰ 1015

이든 … Ⅰ 842, 997

이론과 실천이 병행하는 기술교육 … Ⅰ 658

이마나 뺨에 S자의 낙인 … Ⅰ 1007

이오덕 … Ⅰ, Ⅱ, Ⅲ ix

이윤: … Ⅲ 42

　＿＿(기업가이득+이자)과 지대는 상품 중의 잉여가치의 개개의 부분들이 취하는 독특한 형태에 불과하다 … Ⅲ 1056

　＿＿의 원천 … Ⅰ, Ⅱ, Ⅲ vii

　＿＿의 절대량 … Ⅲ 272

　＿＿이 아니라 지대가 여기에서는

불불잉여노동을 표현하는 형태 …
Ⅲ 1000

이윤율: … Ⅲ 50

____은 한편으로는 저하하고 다른 한편으로는 상승한다 … Ⅲ 96

____의 감소와 이윤량의 증가 … Ⅲ 272

____의 누진적 저하 … Ⅲ 266

____의 저하를 이윤량의 증대로 보상하는 것 … Ⅲ 320

____의 저하와 절대적 이윤량의 증대가 동시에 생긴다는 이율배반적인 법칙 … Ⅲ 274

____의 차이가 전혀 문제가 되지 않는 상황 … Ⅲ 219

____ 저하의 영향 … Ⅲ 302

이자: … Ⅲ 431

____(이윤이 아님) · 지대 · 임금이라는 세 가지 수입형태 … Ⅲ 1036

____는 자본소유의 단순한 과실이고, 기업가이득은 자본의 운동과 기능의 과실 … Ⅲ 476~477

____의 최대한도 … Ⅲ 458

이자낳는 자본: … Ⅰ 203

____은 산업자본과 상업자본에 종속하게 되었다 … Ⅲ 773

____을 산업자본에 종속시키라는 요구 … Ⅲ 774

____의 독특한 유통 … Ⅲ 432

이자없는 신용 … Ⅲ 779

이자율:

____과 이윤율 사이의 구별 … Ⅲ 468

____에 표현되는 대부자본의 운동은 대체로 산업자본의 운동과는 반대의 방향으로 나아간다 … Ⅲ 626

____의 인상을 일으키는 1844년 은행법의 규정들 … Ⅲ 718

이질적 매뉴팩처의 전형적인 예인 시계제조업 … Ⅰ 468

『이코노미스트』 … Ⅰ 304

이탈리아 … Ⅲ 25

인간노동:

____은 가치를 창조하지만 그 자체가 가치는 아니다. … Ⅰ 64

____은 어떤 대상의 형태로 응고된 상태에서만 가치로 된다. … Ⅰ 64

인간노동 일반 … Ⅰ 47, 64

인간은 '정치적 동물'이 아닐지 몰라도 사회적 동물 … Ⅰ 445

인격적인 종속관계 … Ⅲ 1002

인구론자의 대다수는 신교 목사들이다. … Ⅰ 842

인도와 중국에 대한 무역독점권을 동인도회사로부터 빼앗음 … Ⅰ 613

인도의 매우 오래된 작은 공동체 …
 Ⅰ485

인도의 황소 … Ⅱ291

인신매매 … Ⅰ362

인위적으로 만든 지적 황폐 … Ⅰ540

일당 독재의 공산주의체제 … Ⅰ3

일반법칙이 지배적인 경향으로 자기
 를 관철하는 것 … Ⅲ200

일반적 가치형태 … Ⅰ83

일반적 경향으로서의 법칙 … Ⅲ190

일반적 등가물 … Ⅰ86

_____의 상대적 가치 … Ⅰ88

일반적 보호관세 … Ⅲ147

일반적 상품유통 … Ⅱ436

일반적 유통과 자본유통 … Ⅱ81

일반적 이윤율 … Ⅲ196, 202, 466

일반적 이윤율의 저하를 저지하는 원
 인의 하나 … Ⅲ565

일반적 이윤율의 점차적인 저하 …
 Ⅲ264

일반적인 가격하락은 재생산과정을
 정체와 혼란에 빠뜨린다 … Ⅲ317

일반적인 임금하락 … Ⅲ251

일반적, 특수한, 개별적 분업 … Ⅰ477

일요일 노동의 폐지 … Ⅰ358

일정한 '최소한도'의 화폐 … Ⅰ419

일정한 계급관계와 계급이익의 담당
 자 … Ⅰ6

일정한 최소한도의 자본액 … Ⅰ450

임금노동 제도에 필요한 규율을 얻는
 과정 … Ⅰ1010

임금노예 … Ⅰ6

임금노예 · 진정한 노예 · 채무노예 …
 Ⅲ764

임금:

_____삭감은 상품 판매가격의 어떤
 인하도 동반하지 않았다 … Ⅰ612

_____은 노동의 가격, 즉 일정한 양
 의 노동에 대한 대가로 지불되는
 일정한 양의 화폐로 나타난다 … Ⅰ
 727

_____의 등귀는 자본주의체제의 토
 대를 침해하지 않을 뿐 아니라 점
 점 더 확대되는 규모의 재생산을
 보장하는 한계 안에 머문다. … Ⅰ
 848

임금상승의 결과 … Ⅲ249

임금상승→인구증가→임금하락 … Ⅰ
 870

임금의 지불간격 … Ⅰ231

임금형태 … Ⅰ733

임차기간이 끝나면 토지는 그 위에 있
 는 모든 건물들과 함께 그리고 지
 대와 함께 다시 최초의 궁극적 토
 지소유자에게로 돌아간다 … Ⅲ
 982

입법의 두 가지 방법. 영국의 역사적
　방법과 유럽대륙의 일반적 방법 …
　Ⅰ680

잉글랜드: … Ⅰ4

　____ 농업지방의 '노동문제' … Ⅰ
952

　____에서는 농노제가 14세기 말
에 사실상 소멸했다 … Ⅰ982

　____에서는 농촌의 과잉노동자들
이 공장노동자로 되는데, 아일랜드
에서는 도시로 추방된 사람들이 동
시에 농업노동자이며 일자리를 구
해 끊임없이 농촌으로 돌아온다 …
Ⅰ967

　____에서는 차지농업가의 최초 형
태는 그 자신이 농노였던 베일리프
였다 … Ⅰ1017

잉글랜드 은행: … Ⅲ696

　1694년 ____의 창립 … Ⅰ1034

　____ 발권부의 금량과 은행부의
은행권준비 … Ⅲ559

잉글랜드은행권:

　____만이 법정통화 … Ⅲ673

　____ 발행의 법정 최고한도액은
£1천4백만+잉글랜드은행의 귀금
속 보유액 … Ⅲ608

　____의 신용 … Ⅲ523

잉여가치: … Ⅰ197

자본가치의 주기적 증가분인 ____
는 자본에서 생기는 수입의 형태를
취한다 … Ⅰ773

　____를 화폐화하기 위한 화폐가
어디에서 오는가 … Ⅱ406

　____와 노동력의 가치를 가치생산
물의 부분들로 표현하는 방법은 자
본관계의 독특한 성격을 은폐한다
… Ⅰ721

　____의 일부는 자본가에 의해 수
입으로 소비되고 다른 부분은 자본
으로 축적된다 … Ⅰ807

　____의 증가 또는 감소는 항상 이
에 어울리는 노동력 가치의 감소
또는 증가의 결과이지 결코 그 원
인이 아니다 … Ⅰ705

　____ 추구자들에게 봉사하기 위해
간접적으로는 보호관세를 통해 그
리고 직접적으로는 수출장려금을
통해 자국 인민을 약탈했다. … Ⅰ
1036

잉여가치율: … Ⅰ287, 289, 308

　____과 잉여가치량 … Ⅰ413

　____의 계산방법 … Ⅰ290

　____의 증가와 이윤율의 저하 …
Ⅲ299

잉여가치 중 자본에 돌아가는 몫으로
서 이윤에 관해 말할 때, 그것은 총

이윤에서 지대를 뺀 평균이윤(=기업가이득+이자)을 의미하며 지대의 공제는 전제되고 있다 … Ⅲ1041

『잉여가치학설사』 … Ⅲ11

잉여노동과 잉여노동시간 … Ⅰ288

잉여노동 일반의 자연발생적 토대 … Ⅲ811

잉여생산물 … Ⅰ305


[ ㅈ ]


자기 노동에 의존하는 소농 … Ⅲ148

자기증식하는 가치 … Ⅰ201

자동공장의 분업 … Ⅰ567

자동청소기 … Ⅰ570

자본:

____ 앞에서는 모든 인간이 평등하다 … Ⅰ341

____에 대한 노동의 형식적 종속은 실질적 종속으로 대체된다. … Ⅰ689

____에 의한 노동자의 착취가 노동자에 의한 노동자의 착취를 통해 실현된다 … Ⅰ753

____은 머리에서 발끝까지 모든 털구멍에서 피와 오물을 흘리면서 이 세상에 나온다 … Ⅰ1041

____은 물건이 아니라 물건들을 매개로 형성된 사람들 사이의 사회적 관계 … Ⅰ1050

____은 유통에서 생길 수도 없고, 또 유통의 외부에서 생길 수도 없다. … Ⅰ218

____은 잉여가치가 적립된 것 … Ⅰ777

____은 죽은 노동 … Ⅰ310

____은 '타인의' 노동을 사유하는 것과 마찬가지로 '타인의' 과학을 사유한다 … Ⅰ522

____은 하나의 운동 … Ⅱ125

____의 근대사 … Ⅰ191

____의 내재적 충동이며 끊임없는 경향 … Ⅰ436

____의 일반공식 … Ⅰ203

____의 지휘 … Ⅰ450

____의 최초의 현상형태 … Ⅰ191

____이 잉여노동을 발명한 것은 아니다 … Ⅰ313

자본가: … Ⅰ199

____가 노동력의 하루 가치를 지불한다고 가정하면, 노동력을 하루 동안 사용할 권리는, 예컨대 자본가가 하루 동안 돈을 주고 빌린 말의 사용권리와 마찬가지로, 자본가에게 속한다. … Ⅰ247

____ 가족들 사이의 재산분할 ⋯ Ⅰ 853

____는 노동력을 지니고 있는 노동자로 하여금 노동을 통해 생산수단을 소비하게 한다 ⋯ Ⅰ 247

____는 노동자를 임금노동자로 생산한다. ⋯ Ⅰ 778

____는 인격화한 자본 ⋯ Ⅰ 310

____는 인격화한 자본으로서만 역사적 가치와, 역사적 생존권을 가지고 있다 ⋯ Ⅰ 807

____들의 화폐지출의 '절제', '자제', '절약'과, 인간생명의 엄청난 '낭비' ⋯ Ⅰ 356

____에 의한 기계사용의 한계는 기계의 가치와 [기계가 대체하는] 노동력의 가치 사이의 차이 ⋯ Ⅰ 530

____에 의한 ____의 수탈 ⋯ Ⅰ 853

____와 노동자 사이의 혼혈아, 즉 '소경영주' ⋯ Ⅰ 420

____와 임금노동자는 오직 자본과 임금노동의 육체화 · 인격화에 불과 ⋯ Ⅲ 1114

____와 임금노동자 사이의 계급관계 ⋯ Ⅱ 38

____의 목적 ⋯ Ⅰ 249

____의 심중에는 축적욕과 향락욕 사이에 파우스트적 갈등이 전개된다 ⋯ Ⅰ 811

자본가계급은 화폐유통의 유일한 출발점 ⋯ Ⅱ 411

자본관계 ⋯ Ⅲ 53

자본기능은 자본소유와 분리 ⋯ Ⅲ 564

『자본론』: ⋯ Ⅰ 5

  1872년 러시아어 번역 ⋯ Ⅰ 14

  노동자계급의 성경 ⋯ Ⅰ 30

  독어판과 영어판의 편과 장의 구분 ⋯ Ⅰ 28

  불어판 ____ ⋯ Ⅰ 10

  불어판은 원본과는 독립적인 과학적 가치를 가진다 ⋯ Ⅰ 22

  사회주의 운동 ⋯ Ⅰ 31

  영어판 출판 ⋯ Ⅰ 27

  일정한 사회유기체의 발생 · 생존 · 발전 · 사멸과 더 높은 다른 사회유기체에 의한 교체를 규제하는 특수법칙들을 해명 ⋯ Ⅰ 18

자본순환의 세 가지 도식에서 공통적인 것:

  가치증식이 규정적인 목적이고 추진적 동기 ⋯ Ⅱ 119

자본에 대한 청구권의 형태 ⋯ Ⅲ 653

자본으로서의 토지는 고정자본 ⋯ Ⅲ

795

자본으로서 화폐의 유통:

　　은 화폐로서 화폐의 유통과
　　다르다 … I 192

　　의 완전한 형태는 M－C－
　　M′이다 … I 197

자본은 사회적 힘 … Ⅲ 241

자본은 생산된 물질적인 생산수단의
　　총계가 아니다 … Ⅲ 1034

자본의 가변부분에 비한 불변부분의
　　점진적 증대 … I 850

자본의 가치구성: … I 836, Ⅲ 181
　　가치구성이 동일한 자본들이 다른
　　수준의 유기적 구성을 가질 수 있
　　고 따라서 사회적 노동생산성의 다
　　른 발전수준을 표시할 수 있다 …
　　Ⅲ 971

　　의 상승은 자본의 기술적 구
　　성의 상승보다 작다. 노동생산성의
　　향상에 따라 노동이 소비하는 생산
　　수단의 양은 증대하지만 그 양에
　　대비해 그것의 가치는 감소하기 때
　　문이다. … I 850

자본의 과다 … Ⅲ 313

자본의 과잉생산 … Ⅲ 319

자본의 과잉생산은 상품의 과잉생산
　　… Ⅲ 320

자본의 기술적 구성 … I 836, Ⅲ 181

자본의 대부에 대한 수요 … Ⅲ 579

자본의 모국은 무위도식할 정도로 먹
　　을 것이 풍부한 열대지방이 아니라
　　온대지방이다 … I 695

자본의 묶임 … Ⅲ 136

자본의 문명향상적 측면 … Ⅲ 1040

자본의 물신적 형태와 자본물신의 관
　　념 … Ⅲ 500

자본의 순환 … Ⅱ 31

자본의 순환과 회전 … Ⅱ 188

자본의 순환이 중단되는 경우 … Ⅱ 61

자본의 역사의 전주곡, 처참하고 가혹
　　한 인민대중의 수탈 … I 1044

자본의 역사적 발생은 오직 직접적 생
　　산자의 수탈을 의미할 따름이다 …
　　I 1043

자본의 유기적 구성 … I 836, Ⅲ 181,
　　192

자본의 유통 … I 770, Ⅲ 516

자본의 이동 … Ⅲ 257

자본의 이동능력 … Ⅲ 242

자본의 절대적 과잉생산 … Ⅲ 314

자본의 증가가 노동자계급의 운명에
　　미치는 영향 … I 836

자본의 집적과 노동기간의 단축 … Ⅱ
　　289

자본의 집중 … Ⅲ 308

자본의 최소한도 … Ⅲ 313

자본의 축적은 프롤레타리아트의 증
    식이다 … I 838
자본의 퇴출과 파멸 … Ⅲ317
자본의 투하와 선대 … Ⅱ472
자본의 풀려남 … Ⅲ136
자본의 필수적 보완물인 임금노동자
    … I 1050
자본의 회전 … Ⅱ187
자본의 회전시간 … Ⅱ185
자본이라는 상품 … Ⅲ447
자본이 토지에 투하되는 경우, 토지소
    유는 자본에 대립하며 토지소유자
    는 자본가에 대립하게 된다 … Ⅲ
    966
자본주의 사회와 미개사회의 차이 …
    Ⅱ549
자본주의 시대 … I 224
자본주의 시대는 16세기부터 비로소
    시작된다. … I 980
자본주의의 형성과정 … Ⅲ423
자본주의 이후의 사회:
    자본주의 시대의 성과—협업, 그
    리고 토지를 포함한 모든 생산수단
    의 공동점유—를 바탕으로 개인적
    소유를 재건한다 … I 1046
자본주의적 농업의 진보는 노동자와
    토지를 약탈하는 방식의 진보 … I
    683

자본주의적 생산: … Ⅱ42
    하루 노동하여 1주일의 식량을 얻
    는 동인도에 ____이 도입된다면,
    주민들은 매주 6노동일을 노동하지
    않으면 안 될 것이다. … I 697
    ____의 훌륭한 삼위일체, 즉 과잉
    생산·과잉인구·과잉소비 … I 864
    ____형태가 폐지되면 노동일은 필
    요노동만으로 국한될 수 있다. 그
    러나 이 경우 필요노동의 범위는
    확대되어 노동일의 더 큰 부분을
    차지하게 될 것이다 … I 716
    ____의 공비 … Ⅱ178
    ____의 목적과 추진동기 … Ⅱ636
    ____의 진정한 한계는 자본 그것
    이다 … Ⅲ312
자본주의적 생산과정 전체는 생산물
    의 가격에 의해 규제된다 … Ⅲ
    1117
자본주의적 생산과정은 사회적 생산
    과정 일반의 역사적으로 특수한 한
    형태다 … Ⅲ1038
자본주의적 생산방식의 위대한 공적
    의 하나 … Ⅲ793
자본주의적 생산양식:
    ____에서 연합한 노동의 생산양식
    으로 이행하는 과정 … Ⅲ779
    ____에 특유한 인구법칙 … I 861

____을 절대적 생산양식으로 여기
는 경제학자들 … Ⅲ302

____의 경향 … Ⅱ131

____의 두 가지 특징 … Ⅲ1114

____의 모순 … Ⅱ389

____의 모순적이고 대립적인 성격
… Ⅲ106

____의 역사적 사명 … Ⅲ570

____의 제한성 … Ⅲ302

____의 한계들 … Ⅲ322

____이 철폐된 뒤에도 가치의 결
정은 여전히 지배적이다 … Ⅲ
1080

자본주의적 주식회사 … Ⅲ494

자본주의적 축적, 따라서 자본주의적
소유관계 일반의 적대적 성격 … Ⅰ
896

자본주의적 축적의 절대적 일반법칙
… Ⅰ878

자본주의 제도:

　　사회적 생산의 절대적이고 궁극적
인 형태 … Ⅰ11

　　사회적 생산의 하나의 과도적인
역사적 발전단계 … Ⅰ11

자본주의체제 … Ⅰ, Ⅱ, Ⅲ v

____를 창조하는 과정 … Ⅰ979

____의 성립(과 유지) … Ⅰ, Ⅱ,
Ⅲ vii

____의 최후의 환상―자본은 개
인 자신의 노동과 저축의 산물이다
―은 깨어진다. … Ⅲ652

자본집중의 가장 강력한 지렛대는 경
쟁과 신용제도 … Ⅰ854

자본축적 … Ⅰ790

자본축적의 결과 노동의 가격이 등귀
하는 경우 … Ⅰ846

자본화 … Ⅲ599

자본화된 지대가 토지의 구매가격 또
는 가치를 형성 … Ⅲ800

자본화된 지대인 토지가격 … Ⅲ985

자선전당포 … Ⅲ771

자연과학의 추상적 유물론 … Ⅰ505

자연경제 … Ⅲ996

자연경제가 입각하고 있는 생산양식
의 조건 … Ⅲ996

자연경제·화폐경제·신용경제 … Ⅱ
137

자연발생적인 공산주의가 지배하는
원시공동체 … Ⅲ1054

자연적 또는 인위적 독점 … Ⅲ220

자연적 비옥도 … Ⅲ834

자연적 이자율 … Ⅲ461

자영농민의 소규모 토지소유 … Ⅲ
1021

자유로운 개인들의 연합〔자개연〕:
… Ⅰ, Ⅱ, Ⅲ viii

____에서 노동시간의 기능 … I 102

자유로운 노동자 … I 223

자유로운 노동자가 지닌 두 가지 의미 … I 979

자유로운 자영농민 … I 982

자유민에 대한 노예의 비율 … I 1040

자유보유지 … Ⅲ 798

자유의 영역은 궁핍과 외부적인 편의가 결정하는 노동이 끝장나는 곳에서 시작 … Ⅲ 1040

자치도시 … I 1028

작업기는 18세기 산업혁명의 출발점 … I 506

작업장 규제법 … I 664

작업장 안의 권위와 사회 안의 권위는 서로 반비례한다 … I 485

잠재적 자본, 이윤을 생산하는 수단의 속성에서 화폐는 상품이 된다 … Ⅲ 430

잠재적 화폐자본 … Ⅱ 92, 430

재고: … Ⅱ 301

　자발적 ____형성과 비자발적 ____형성 … Ⅱ 174

　____의 형태로 있는 상품자본 … Ⅱ 164

　____형성의 비용 … Ⅱ 176

재봉기 … I 636

재봉사들의 경쟁 … I 342

재생산과정에서 본 자본주의적 생산과정 … I 789

적대적인 분배관계에 근거한 소비능력 … Ⅲ 305

전면적으로 발달한 개인 … I 658

전반적인 예금인출소동 … Ⅲ 520

전신 … Ⅲ 525

전일공 … I 325

전제국가에서 정부가 수행하는 감독과 전면적 개입 … Ⅲ 489

절대적 잉여가치와 상대적 잉여가치 … I 431

절대적 잉여가치와 상대적 잉여가치 사이의 구별 … I 690

절대지대 … Ⅲ 965

절욕: … I 304

　인간의 어떤 행동도 이와 반대되는 행동의 '____'으로 볼 수 있다는 단순한 생각이 속류경제학자의 머리속에는 없다 … I 814

　____이라는 문구는 자본가의 사치에 의해 완전히 반박 … Ⅲ 567

정가판매 빵집과 할인판매 빵집 … I 230

정상적인 임금 … Ⅱ 643

정체적 과잉인구 … I 875

정치경제학: … I 842

독일의 ____ … I 10

____과 계급투쟁 … I 11

『정치경제학 비판을 위하여』 … I 3

정치적 권력을 궁극적으로 장악할 수
있게 하는 정신적 에너지 … I 412

제1차적 위생권 … I 626

제2권을 위한 원고들

원고1~4 … II 5

원고5~8 … II 6

원고들의 연대 … II 7

제52장 '계급들' … III 9

제 갈 길을 가라, 남이야 뭐라든! …
I 8

제임스 밀 … I 684

제임스 스튜어트 … I 452, 479

J. 앤더슨 … I 684

제침기 … I 620

"제화공이여, 자기의 본분을 지켜라!"
하는 최고의 수공업적 지혜 … I
658

조림과 자본주의적 생산 … II 300

조면기 … I 519

조사방법 … I 18

존 스튜어트 밀(J. S. 밀): … I 161,
174, 683, 698, 805

천박한 절충주의 … I 13

종교개혁:

16세기의 ____과 이에 뒤따르는

교회재산의 방대한 횡령 … I 988

종교세계 … I 102

종족형태에서 가족형태로 발전 … I
478

주식투기 … I 365

주식회사 … I 855

주식회사의 주주 … III 197

주식회사의 형성 … III 563

주요원고 … III 5

주요재료와 보조재료 … I 243

주조가격 … I 131

주조수수료 … I 162

죽은 기계과 살아 있는 기계 … I 785

준비금 … II 101

중개무역 … III 414

중금주의 … II 71

중농주의 … I 806, II 446

중상주의 … I 186, 697, II 68, 71, III
424

중상주의자 … III 994, 995

즉자적 자본[잠재적 자본] … III 1025

지구가 토지소유라는 형태를 얻어야
만 된다는 것은 이 생산양식의 역
사적 전제조건이다 … III 1118

지구에 대한 개개인의 사적 소유는 인
간에 대한 인간의 사적 소유와 마
찬가지로 불합리한 것 … III 984

지대: … III 795

중농주의자들에게는 ____가 잉여
　가치의 유일한 존재형태 … Ⅲ994
지배적 상업국으로서 네덜란드의 몰
　락사 … Ⅲ420
지불수단 … Ⅰ176
　____의 준비금 … Ⅰ184
지불차액은 특정기일에 결제되어야
　하는 무역차액 … Ⅲ664
지휘 · 감독 · 조절의 기능 … Ⅰ450
직접적 생산자가 자기 자신을 위해 행
　하는 노동은 그가 영주를 위해 행
　하는 노동과 시간적으로도 공간적
　으로도 분리되어 있다 … Ⅲ1003
직접적인 생산물교환 … Ⅰ114
직접적인 신용사슬 … Ⅲ639
직접적 착취의 조건들과 이 착취의 실
　현의 조건들 … Ⅲ305
진정한 노동수단 … Ⅱ190
진정한 매뉴팩처 … Ⅰ489
　____ 시대 … Ⅰ458
진정한 식민지 … Ⅰ1048
진정한 신용화폐 … Ⅲ511
진정한 자유의 영역, 즉 인간의 힘을
　목적 그 자체로서 발전시키는 것
　… Ⅲ1041
진정한 화폐신용 … Ⅲ621
질로트의 강철 펜 공장 … Ⅰ621
집단적 노동자[즉 사회적으로 결합된

노동자] … Ⅲ99
집약적인 경작 … Ⅲ863
집중:
　____의 가장 강력한 두 지렛대 경
　쟁 신용 … Ⅰ854
　축적, 집적의 구별되는 진정한
　____은 자본가에 의한 자본가의 수
　탈이다 … Ⅰ853
징병제도에서 보병후보자의 최저 키
　… Ⅰ319
징세청부업자 … Ⅲ769


[ ㅊ ]

차머즈 … Ⅰ213
차액지대:
　____에 관한 잘못된 관념; ____는
　점점 더 열등한 토지로의 진행 또
　는 점점 저하하는 농업비옥도를 반
　드시 가정해야 한다 … Ⅲ844
　____율은 잉여가치 중 지대로 전
　환되는 부분과 토지생산물의 생산
　에 투하된 자본 사이의 비율 … Ⅲ
　985
　____의 유일한 전제조건은 각종
　토지들의 불균등성이다 … Ⅲ845
차지농업가 [ 농업자본가 ] … Ⅰ420,
　Ⅲ789

당시의 차지계약은 장기계약으로 체결되어 가끔 99년에 걸치는 것도 있었다. 귀금속의 가치, 따라서 화폐의 가치가 계속 하락한 것은 ____에게 매우 유리한 것이었다. … I 1018

스스로 노동하는 종래의 토지점유자들 사이에서 자본주의적 ____의 양성소가 생기는데, 그 당시 화폐의 누진적 가치감소가 전통적인 장기차지계약 아래에서 토지소유자를 희생시키면서 ____를 부유하게 한 것 … III 1012

진정한 ____ … I 1018

채무를 파산에 의해 청산 … III 632

철도 … I 856

철도부설 … II 388

철도사고 … I 340

철도에 투하된 자본 … III 300

철도주식 … I 255

철도투기 … III 526

초과생산물 … III 884

초과이윤 … III 395

초과이윤은 유리한 생산자의 개별생산가격과 그 생산분야 전체의 일반적인 사회적 생산가격 사이의 차액과 동등하다 … III 823

총수입은 임금+이윤+지대 … III 1066

최열등지도 경작이 허락되기 위해서는 지대를 낮아야만 한다 … III 958

최영열 … I, II, III xi

최초의 투자와 해마다의 투자 … II 229

최후의 1노동시간 … I 299

최후의 한 시간 … I 296

추상적 인간노동 … I 47, 64

축적률이 독립변수이고 임금률은 종속변수이지, 그 반대가 아니다 … I 847

축적을 위한 축적, 생산을 위한 생산, 이 공식으로 고전파 경제학은 부르주아 계급의 역사적 사명을 표현했다 … I 812

치수사업 … I 695

치안판사 … I 392

침체 · 번영 · 과잉생산 · 공황의 10년 주기의 순환 … I 31


[ ㅋ ]


카르텔 … III 565

카르텔과 트러스트 … III 147

칼라일과 미국의 남북전쟁 … I 344

캐리 … I 766

커닝엄 … I 371

케네 … I 437

코차크 … Ⅱ9
크레디 모빌리에 … Ⅲ777

[ ㅌ ]

타마공장의 사고 … Ⅰ648
타운센드 … Ⅰ880
태환보증이라는 것도 환상에 불과 …
 Ⅲ609
토리당 … Ⅰ344
토지: … Ⅰ831
 ___를 화폐재료로 삼으려는 생각
 … Ⅰ116
 ___에 자본이 합쳐지는 것 … Ⅲ
 947
 ___의 우월성 … Ⅲ990
 ___의 점유 … Ⅲ790
토지가격:
 ___은 자본화된 지대, 따라서 선
 취한 지대에 지나지 않는다 … Ⅲ
 1023
 지배적인 이자율이 5%이라면 20
 년분의 지대가 한꺼번에 선불된다
 … Ⅲ855
토지생산물의 가격이 불변이면서 지
 대가 증대할 수 있는 경우 … Ⅲ
 985
토지소유:

식민지를 식민지로 만드는 것은
 ___가 법률상으로 또는 사실상 존
 재하지 않는다는 것 … Ⅲ959~960
 토지소유자가 ___의 독점을 통해
 직접적 생산자들의 잉여노동을 누
 구보다도 먼저 취득 … Ⅲ993
 ___관계의 혁명이 경작방법의 개
 량, 협업의 확대, 생산수단의 집적
 등을 수반 … Ⅰ1021
 ___는 차지농업가에 의한 자본의
 생산적 투자를 제한 … Ⅲ1029
 ___의 사실상의 폐지 … Ⅲ953
 ___의 존재 … Ⅲ952
토지자본 … Ⅲ795
통신수단과 운송수단 … Ⅰ519
통화의 유통 … Ⅲ516
통화주의 … Ⅰ186, 847, Ⅲ706
통화주의에 대한 비판은 투크, 윌슨,
 풀라턴에 의해 행해졌다 … Ⅲ706
퇴장화폐 … Ⅰ169, Ⅱ219, 396
퇴장화폐 형태 … Ⅱ90
투기 … Ⅱ388
투자의 표준적 최소한도 … Ⅱ317
트러스트 … Ⅰ855, Ⅲ565
특별잉여가치 … Ⅰ434
특별잉여가치 또는 초과이윤 … Ⅲ
 221
특정한 지불일이 붙어있는 지불의무

의 연쇄 … Ⅲ317

[ ㅍ ]

파국은 1846년의 흉작에 의해 폭발
　… Ⅲ522
파국 직전의 공황 … Ⅲ620
파이어맨 … Ⅲ17
패터슨, 잉글랜드은행과 스코틀랜드
　은행의 창립자 … Ⅲ774
페티 … Ⅰ368, 466
평균시장가격 … Ⅲ822
평균이윤율은 그것의 가장 단순한 형
　태에서는 자본의 역사적 출발점의
　하나 … Ⅲ1141
폐쇄촌과 개방촌 … Ⅰ932
포세트 … Ⅰ890
포스터 … Ⅰ371, 578
포슬스웨이트 … Ⅰ371
포터의 편지 … Ⅰ783
폭력과 기만과 우연의 결과를 영구화
　하는 것 … Ⅱ400
표준노동일 … Ⅰ312
표준노동일의 제정 … Ⅰ366
푸리에:
　공장은 완화된 감옥 … Ⅰ577
　자본과 노동을 화해시키려고 한
　＿＿의 견해 … Ⅲ776

＿＿가 말하는 단기복무 … Ⅰ395
풍부한 대부자본과 산업자본의 큰 팽
　창이 공존하는 국면 … Ⅲ627
풍차 … Ⅰ508
프라이스 … Ⅰ371, 920
프랑스 12시간 노동법 … Ⅰ375
프랑스의 혁명적 방법 … Ⅰ408
프랭클린: … Ⅰ216, 445
　＿＿은 인간을 '도구를 만드는 동
　물'이라고 정의 … Ⅰ240
프롤레타리아트:
　자본주의적 생산양식의 타도와 모
　든 계급의 최종적 철폐를 자기의
　역사적 사명으로 하고 있는 계급
　… Ⅰ14
　오늘날 부르주아지와 대립하고 있
　는 모든 계급 중 오직 ＿＿만이 참
　으로 혁명적 계급이다. … Ⅰ1046
프루동 … Ⅰ111, 730, 801, Ⅲ439
　＿＿의 사회주의 … Ⅰ88
피상적 파악과 심오한 파악 … Ⅱ470
필연의 영역 … Ⅲ1041
필요노동과 필요노동시간 … Ⅰ288
필요노동시간 … Ⅰ288
필의 자유무역법 … Ⅰ13

[ ㅎ ]

하강하는 순서가 내포하는 과정 …
Ⅲ837

할인 … Ⅲ548

함부르크은행 … Ⅲ772

행정관리 · 목사 · 법률가 · 군인 등과
같은 '이데올로기적' 신분들 … Ⅰ
602

허위의 사회적 가치 … Ⅲ846

　10가마의 진정한 생산가격은 240
원인데 600원으로 250%나 높게 판
매 … Ⅲ846

　사회가 계획에 따라 일하는 의식
적인 연합으로 조직된다고 생각하
면, 10가마의 밀은 240원에 포함되
어 있는 것과 동등한 양의 독립적
인 노동시간을 대표할 것이다. …
Ⅲ846

혁명 … Ⅲ329

현대사회의 경제적 운동법칙을 발견
하는 것 … Ⅰ6

현대의 가내노예들 … Ⅰ603

현물지급제도 … Ⅰ231, 909

현물지대라는 개념의 복원 … Ⅲ1000

현상형태 … Ⅰ737

현실의 노동자가 자기 자신의 생활수
단의 생산에 필요한 생산수단과 노
동조건의 '점유자'이기도 한 모든
형태에서는 소유관계는 동시에 직
접적인 지배 · 예속관계로 나타난
다 … Ⅲ1001

현실적 공황의 궁극적인 원인은 생산
력을 발달시키려는 자본주의적 생
산의 충동에 대비한 대중의 궁핍과
제한된 소비 … Ⅲ621

현실적 자본 … Ⅲ600, 601, 602

협동조합 공장 … Ⅲ493, 568

협업 … Ⅰ444, 457

협업과 분업으로부터 생기는 생산력
… Ⅰ522

호너 … Ⅰ298

호지스킨 … Ⅰ483, 1028

화식술 … Ⅰ198

화폐:

　____가 부족하다는 불평 … Ⅰ157

　____가 자본으로 전환되는 전체
과정은 유통영역의 내부에서도 수
행되고 또한 그 외부에서도 수행된
다. … Ⅰ260

　____는 상품생산 일반의 공비 …
Ⅱ162

　____를 주조할 수 있는 권한 … Ⅰ
1034

　____와 살아있는 노동의 직접적

교환은 가치법칙을 폐지하든가 또는 자본주의적 생산 자체를 폐지할 것이다 … Ⅰ728

화폐거래업=화폐상품을 취급하는 상업 … Ⅲ399

화폐거래업의 발달 … Ⅲ513

화폐거래업자의 이윤 … Ⅲ406

화폐거래자본 … Ⅲ397, 399

화폐공황 … Ⅰ178

화폐기근 … Ⅰ180

화폐물신의 수수께끼 … Ⅰ121

화폐상품 … Ⅰ89

화폐융통에 대한 수요 … Ⅲ579

화폐의 가치량 … Ⅰ123

화폐의 신비성 … Ⅰ121

화폐의 차입과 대부 … Ⅲ514

화폐자본 … Ⅱ35, 55

화폐자본과 상품자본은 유통자본이지만, 유동자본은 아니다. … Ⅱ202

화폐자본의 과다 … Ⅱ348

화폐자본의 순환 … Ⅱ53, 56, 66

화폐적 자본 … Ⅲ595

화폐지불과 화폐수납 … Ⅲ398

화폐핍박 시기에 공급이 부족한 것은 자본인가 화폐인가? … Ⅲ594

화폐형태 … Ⅰ90, 116

확대재생산 … Ⅱ91, 618

환어음 … Ⅲ510

환전업 … Ⅲ400

회전시간이 자본의 가치증식에 미치는 영향 … Ⅱ316

흑사병 … Ⅰ367

흑인은 흑인이다. 일정한 관계 아래에서만 그는 노예로 된다 … Ⅰ1050

흡혈귀 … Ⅰ411

**▌ 옮긴이 약력**

**김 수 행** (1942~2015)

서울대학교 경제학 학사·석사
런던대학교 경제학 석사·박사
서울대학교 교수·명예교수
성공회대학교 석좌교수


『자본론』 I, II, III 완역 출판. 비봉출판사
『국부론』(상·하). 비봉출판사
『청소년을 위한 국부론』. 두리미디어
『청소년을 위한 자본론』. 두리미디어
『알기 쉬운 정치경제학』. 서울대학교출판문화원
『『자본론』의 현대적 해석』. 서울대학교출판문화원
『세계대공황: 자본주의의 종말과 새로운 사회의 사이』. 돌베개
『마르크스가 예측한 미래사회: 자유로운 개인들의 연합』. 한울
『자본론 공부』. 돌베개

# 자 본 론  별책

2015년 11월 20일   2015년 개역판 1쇄 발행
2021년 10월 30일   2015년 개역판 4쇄 발행

옮긴이  ┃  김수행
펴낸이  ┃  박기봉
펴낸곳  ┃  비봉출판사

주  소  ┃  서울 금천구 가산디지털2로 98, 2-808(가산동, IT캐슬)
전  화  ┃  (02)2082-7444
팩  스  ┃  (02)2082-7449
E-mail  ┃  bbongbooks@hanmail.net
등록번호  ┃  2007-43 (1980년 5월 23일)
ISBN  ┃  978-89-376-0437-9 94320
            978-89-376-0431-7 (전6권)

값 9,000원